Bitácora de 13 navegantes en Pan-de-Mar

Colección Veinte Surcos
Homenaje a Julia de Burgos
Antologías colectivas

Collective Anthologies
Homage to Julia de Burgos
Twenty Furrows Collection

Yordan Arroyo
Edición, criterios y notas

Bitácora

DE 13 NAVEGANTES

EN PAN-DE-MAR

Colectivo Poético Costeño

Puntarenas – Costa Rica

Nueva York Poetry Press®

Nueva York Poetry Press LLC
128 Madison Avenue, Oficina 2NR
New York, NY 10016, USA
Teléfono: +1(929)354-7778
nuevayork.poetrypress@gmail.com
www.nuevayorkpoetrypress.com

Bitácora de 13 navegantes en Pan-de-Mar
© 2023 Yordan Arroyo Carvajal

ISBN-13: 978-1-958001-82-0

© Twenty Furrows Collection vol. 2
Collective Anthologies
(Homage to Julia de Burgos)

© Publisher & Editor-in-Chief:
Marisa Russo

© Prologue:
Damián Leandro Sarro

© Layout Designer
Francisco Trejo

© Graphic Designer:
William Velásquez Vásquez

© Corpus Artist:
Carlos Arroyo
Especies poéticas marinas

© Cover Artist:
Osvaldo Sequeira
Adán
Acrílico sobre tela
1 metro de díametro

Arroyo Carvajal, Yordan
Bitácora de 13 navegantes en Pan-de-Mar, Yordan Arroyo Carvajal, editor; 1a ed.
New York: Nueva York Poetry Press, 2023, 276 pp. 6"x 9".

1. Costa Rican Poetry 2. Central American Poetry. 3. Latin American Poetry.

Primer navegante en nadar,
con honor, danza y gloria,
en las mareas huérfanas
de la Perla de Pacífico,
donde las ballenas nacen aisladas
para no morir de sed en la ciudad.

Y ORDAN A RROYO

Palabras escritas respecto al primer poeta puntarenense,
según datos hallados hasta el momento, en dedicarle un
poema a su provincia. Véase su texto en la contraportada.

A Enrique Araya Cano (1904-1926),
in memoriam.

Enrique Araya Cano

Durante las primeras conversaciones con su familiar Herbert Contreras Vásquez, él especulaba que pudo haber nacido en el último decenio de 1800, pues una hermana mayor de Cano nació en 1895. Sin embargo, según *Family Search*, número de certificado 35216, nació en 1904 y murió en San Francisco, California, Estados Unidos, en 1926, a sus 22 años de edad. Otro dato por considerar es la inclusión de su segundo apellido, Cano, pues en ningún sitio aparece, ni siquiera en su acta de defunción.

PRÓLOGO

Deconstruir la *Weltliteratur* de Goethe: una clave de discusión para abordar la poesía puntarenense dentro del marco de la literatura latinoamericana[1]

DAMIÁN LEANDRO SARRO[2]

En las siguientes páginas de esta antología se muestra una selección de obras poéticas que, además de su valor estético, abre el horizonte para debatir ciertos aspectos que constituyen la columna vertebral de la literatura latinoamericana: qué rango le confiere su esencia latinoamericana frente a otros gentilicios y qué valor político y cultural adquiere desde la óptica de lo canónico y lo

---

[1]   Este prólogo fue revisado por Yordan Arroyo Carvajal, por ende, sigue parte de sus sugerencias de adaptación al contexto de la poesía puntarenense y de las literaturas regionales costarricenses en su conjunto.

[2]   Lic. y Prof. en Letras y doctorando en Educación (Universidad Nacional de Rosario, Argentina), posgrado en Escrituras y Creatividad Humana (FLACSO – Buenos Aires) y corrector de textos académicos (por la Universidad del Salvador). III Premio Nacional de Ensayo Breve (CFI, 2011); autor de *La refulgencia del Bicentenario o el mito de Pigmalión* (2011), del *Manual de Lengua I para EEMPA* (coautoría, Dunken, 2015), *Flagelos íntimos* (Alción, 2018) y de *El ramirismo. La literatura como arena de discusión entre la hispanofilia y la hispanofobia* (Ciudad Gótica, 2022). Docente, investigador y reseñista literario y académico para distintos medios de comunicación y revistas universitarias.

periférico. En este caso, los textos porteños se convierten en un espejo del fenómeno de lo periférico en las literaturas regionales en Costa Rica. Para ello, este prólogo desarrolla una posible lectura a partir de la *Weltliteratur*, concepto polisémico y controvertido.

Desde una concepción cultural y social, en la época contemporánea a Johann W. Goethe puede observarse un explícito etnocentrismo imperante desde una concepción cultural y social arraigado dentro de una sociedad conservadora no dispuesta a acatar nuevos postulados que hoy podrían denominarse «progresistas», ya que esta postura innovadora en la idiosincrasia colocaba, a la sazón, en graves peligros de persuasivo enfrentamiento, los mismos principios en donde se sustentaba ese conservadurismo etnocéntrico. Esto se denota, en el marco de la literatura costarricense, a partir de la invisibilización que sufren literaturas regionales como la puntarenense, debido al lugar de nacimiento de los autores, actual residencia y temáticas y corrientes estéticas en sus diferentes producciones poéticas.

La tendencia etnocentrista de una sociedad es la valorización y defensa de su "[...] centrismo cultural" (Preiswek y Perrot, 1979, p. 54). En este lineamiento, es ilustrativo citar a Johann G. Herder cuando declara que "[...] el prejuicio [...] impulsa a los pueblos hacia su centro, los fortalece en su tronco, los hace más florecientes en su idiosincrasia, más apasionados y por lo tanto más felices en sus tendencias y fines" (1950, p. 59) Se visualiza, entonces, un germen comparatístico, que, en palabras de Fritz Strich se afirma cuando define lo siguiente sobre la *Weltliteratur* goetheana:

[Es] el espacio espiritual en el que los pueblos, con la voz de sus poetas y escritores, ya no se hablan a sí mismos y de sí mismos, sino entre sí; [como] una conversación entre las naciones, una participación espiritual entre sí, un dar y recibir recíprocos de bienes espirituales, una promoción y complemento mutuos en las cosas del espíritu. (en Kirste, 2000, p. 10)

Está latente ese impulso por explorar nuevos horizontes, tanto geográficos como culturales, una reflexión para transgredir lo propio (establecido como norma), de debilitar las fronteras que circunscribían rígidamente aquellas características vernáculas propias de una nación, revalorizadas por los condimentos de un eurocentrismo afirmado desde las élites del Estado; hay, en la mente de Goethe, un impulso por fomentar un dialogismo «inter-cultural», «inter-nacional» que devino en un auténtico «inter-cambio» de idiosincrasias heterogéneas.

Esta heterogeneidad dialógica se produce entre los textos escogidos para ser parte de esta antología, pues, sus autores rompen las fronteras estéticas y etnográficas del centro, la ciudad y abordan pasajes regionales más cercanos a sus vivencias. Esto, a su vez, diseña o agrega un paradigma intercultural en la literatura costarricense, pues abre el horizonte más allá de lo así llamado centrípeto, espacio en donde se han concentrado, mayormente tanto críticos como historiadores de la literatura.

En el campo léxico, la *Weltliteratur* adquiere tres acepciones dispares, a saber:

- En primer lugar, está constituida por los catálogos de muchas historias de la literatura a manera de manuales de literatura; se presenta un intento teórico de descripción desde una base global que, en la mayoría de los casos, termina por ser una base europea y occidental, soslayándola con secciones parciales de diversas literaturas, o bien detallando movimientos, tendencias estilísticas o estratificaciones cronológicas. Esto se convierte en un eslabón para defender la importancia de crear, en Costa Rica, una historia de las literaturas regionales. Parece ser la única posibilidad de atender diferentes fenómenos literarios, motivos, recursos y tradiciones propias de estos sectores[3].

- Por otro lado, este concepto se utiliza al referirse a las obras canónicas, académicamente aceptadas como «clásicos de la literatura», aquellos libros mundialmente reconocidos y tratados en los claustros universitarios. Cabe recordar, que la hegemonía literaria costarricense ha decretado como clásicos ciertos textos, principalmente de finales del siglo XIX (Generación del Olimpo) y principios y mediados del siglo XX, entre los cuales han sobresalido temas políticos, geográficos y étnicos. Esto, evidentemente, ha dejado por fuera a muchos escritores regionales, lo cual, representa, todo un camino epistémico por construir.

---

[3] Se sabe que el mar, como objeto literario, es un tópico universal. Todo escritor ha pasado y ha escrito sobre él, sin embargo, Yordan Arroyo defiende en este libro que en las obras de escritores costeños se denota una mayor cercanía, impacto y diversidad de tratamientos estéticos.

Por último, y en su acepción primitiva, se toma a la *Weltliteratur* como el procedimiento para aprehender otras tradiciones literarias y culturales distintas a la propia, es decir, la posibilidad de apertura a otras obras de países lejanos con otros sistemas lingüísticos, "[...] al intercambio entre las diversas literaturas que correrían parejo y completarían el tráfico y los trueques comerciales" (Prawer, 1998, p. 25). Por esta razón, este concepto calza, en gran medida, con la publicación de esta antología, pues abre un espacio heterogéneo y contrahegemónico para mostrar ciertas pinceladas[4] de lo que se puede denominar "poesía puntarenense".

Continuando con el término *Weltliteratur* propiamente dicho, se deduce un sistema simbólico donde se desenvuelven tres ejes temáticos que configuran aquel ámbito desde el cual el mismo concepto emerge: se piensa entonces en nociones como «cultura nacional» en conjunción con el de «identidad nacional» y «literatura nacional», concibiendo a estos tres conceptos como aspectos formativos del concepto. *Per se*, sino en oposición, en su sentido negativo. Es a partir de la conjunción de sus tres ejes constitutivos –y en su misma interacción– que se puede considerar a la *Weltliteratur* desde dos perspectivas de interpretación que operan de la siguiente manera:

---

[4]   Yordan Arroyo, dentro de los criterios de selección de este libro, manifiesta su compromiso con la literatura puntarenense, para ello, revela la importancia de publicar, a futuro, un libro que no sólo incluya a autores del Colectivo Poético Costeño, sino de la provincia de Puntarenas en general y que, por temas de delimitación, no aparecen aquí.

- *Weltliteratur* como ἀϱχή [arjé][5]: herramienta interdisciplinaria para el abordaje de los estudios culturales y literarios; es decir, que se aprehende como punto de partida teórico desde la centralidad del canon literario hacia las partes periféricas del mismo, lindando con «lo-de-afuera», lo exótico, lo que manifiesta la idoneidad en su «juego de tensiones»; desde este punto de partida se generan los análisis literarios y comparatísticos entre distintas tradiciones académicas, y que se circunscriben dentro de patrones similares en los ámbitos cultural e histórico, y asimismo comparten pautas en común dentro de su formación cultural y espiritual[6].

- Por otro lado y siguiendo esta orientación, el término denuncia la autoridad que encierra el canon literario como factor hegemónico en el desempeño de los estudios culturales y estéticos, otorgando un sello arbitrario de validez académica para tomar y descartar pautas literarias, considerando parámetros desiguales, marginales y hasta «étnicos» a la hora de confeccionar el abanico de una posible «alta literatura» o «literatura académica o culta» frente a la «baja literatura, o literatura popular»; piénsese entonces en las minorías étnicas o confesionales propias del Viejo Continente, omitidas a la hora del reparto en el catálogo de la historia de la literatura europea, como así también las literaturas emergentes de género, feminismos, literatura

---

5   Se traduce como comienzo, origen, punto de partida y también como autoridad, mando, poder.

6   Por ejemplo, los abordajes literarios y culturales de E. Auerbach, E. Curtius o de H. Bloom, entre otros.

trans, queer, etc. Esta problemática conforma una de las tensiones más importantes del «juego» en la significación del canon literario.

- **Weltliteratur como** *τέλος* **[télos]**[7]: desde esta perspectiva se aborda el concepto percibiendo la ansiedad de ampliar los horizontes artísticos para el desenvolvimiento literario, extender las fronteras lingüísticas y culturales tal como lo había propuesto Goethe; esta finalidad en los estudios literarios y comparados podría tomarse como el "[...] impulso para expandir el horizonte de los estudios literarios [que] puede haber derivado de un deseo de demostrar la unidad esencial de la cultura europea ante su reciente y violenta disrupción" (Bernheimer, 1995, p. 24).

En la interacción entre ambas perspectivas se halla fundada la «estructuralidad» del término goetheano, donde sus «fronteras o límites» encierran lazos arraigados en la tradición cultural de donde emerge y con fuertes postulados políticos y académicos; la *Weltliteratur* se presenta como el «lugar antropológico» que se ramifica en tres rasgos descriptivos:

- El rasgo «identificatorio», puesto que nacer es nacer en un lugar, lugar constitutivo de la identidad individual, la adscripción a una cultura determinada como resultado de la impregnación del telurismo hacia la masa poblacional.

---

[7]   Se traduce como fin, acabamiento, resultado, salida, estado de lo que ha llegado a su fin.

- El rasgo «relacional», pues se comparte con otros la inscripción en el suelo, es en el mismo ámbito vernáculo, autóctono, donde operan redes simbólicas que se entrecruzan conformando la idiosincrasia del pueblo.

- El rasgo «histórico», ya que, constituyendo una estructura consolidada con una mínima estabilidad, sus integrantes reconocen allí señales propias, sus caracteres identificatorios aparecen como bandera de exhibición y exportación frente a otros pueblos.

En estas tres características se consolida el concepto de «identidad nacional»; estos aspectos se definen constantemente por la antinomia «lugar / no-lugar». Asimismo, y en mutua correlación, emerge el factor de expresión estilística, el de la «literatura nacional», que constituye el otro centro problemático de la *Weltliteratur*: los factores culturales responden a ciertos valores y normas establecidas que actúan como ejes direccionales, entendiendo que toda cultura repercute y, al mismo tiempo, condiciona sobre la cosmovisión de un pueblo.

Por otro lado, el afán de despolitizar a la literatura de partidismos y de otros ismos que tergiversen la esencia de lo literario produce un choque de interpretación con el eurocentrismo de teóricos como P. Casanova o F. Moretti, quienes delinean toda una geografía discursiva con un centro que pivotea entre París y Greenwich. En este sentido, definen un capital literario que se jacta de su centro, de su prestigio de identidad y de sus producciones culturales, con lo cual inexorablemente deben aceptar la existencia de una periferia para autodefinirse en la otredad.

Casanova propone, en la *República mundial de las Letras* (2001), un funcionamiento propio, una particular economía que establece rangos y una historia política que influye y se nutre recíprocamente del hecho literario; dentro de ella se delinean jerarquías a partir de una capital literaria –canónica– y regiones dependientes –literariamente– según la distancia estética entre ellas; lo central en este espacio gira en torno a los órganos de consagración, devenidos en autoridades que legitiman tal o cual literatura en detrimento de otras. Es por ello que Casanova desarrolla la idea de que la historia de la literatura no es otra cosa que la historia de las rivalidades literarias, de los manifiestos, de las resistencias y de los movimientos estéticos.

J. J. Saer (2004) propone una reflexión que posee ciertos aspectos distintivos de Casanova, aunque la matriz de discusión sigue siendo la misma en su origen. Saer alude a la crítica literaria en su consideración sobre la literatura latinoamericana a partir del grado de especificidad por antonomasia, ante lo cual manifiesta su disconformidad por los prejuicios que ello implica y por la restricción implícita de «latinoamericanidad» que toda obra de la literatura latinoamericana debería reunir. Siguiendo este razonamiento, asegura que entonces Europa se reservaría los temas y las formas literarias según sus conveniencias estéticas y dejaría lo residual para lo latinoamericano; con esta normativa literaria se afianzarían las políticas de la *República mundial de las Letras*, y es aquí donde se entiende la relación entre Saer y Casanova, según esta clave de lectura.

En la *Selva espesa de lo real* (1979, en Saer, 2004) se explicitan los tres peligros que acechan a la literatura latinoamericana, peligros que emergen en la misma *República mundial de las Letras*: el apriorismo de su naturaleza latinoamericana, el vitalismo ideológico y el voluntarismo inmediato. La profundidad del aporte de Saer (2004) radica en que, además de poner estos matices teóricos en discusión, plantea una verdadera teoría literaria, que si bien se desarrolla escuetamente, abre todo un abanico de abordajes para su interpretación. La misma idea de entender a la narración como una praxis que fecunda su misma concepción, su misma teoría. Este Saer crítico adquiere consideración no sólo por plantear el debate en un texto escrito nada menos que en francés y en Francia, sino porque reafirma la idea central que J. L. Borges explayara en *El escritor argentino y la tradición* (*Discusión*, 1932).

Y de esta forma, se cumple con el objetivo general, pues se logró exponer cómo ciertos fenómenos, problemas y paradigmas literarios se entretejen, de manera heterogénea, dentro de la literatura latinoamericana y a su vez, expanden sus posibilidades de estudio a otros sectores también invisibilizados en diferentes partes del mundo, en este caso, la poesía puntarenense, dentro de otro terreno lleno de tensiones como lo es la poesía costarricense, lo cual permite cerrar con dos preguntas retóricas y una posible aproximación a su respuesta: ¿Qué se entiende por literatura costarricense y qué se entiende por poesía puntarenense? Sin duda, ambas responden a definiciones permeadas, en muchos casos, por intereses ideológicos, por tanto, se propone no delimitarse a un solo concepto, pues ambos son términos abiertos, problemáticos y en constantes diálogos o debates.

Referencias bibliográficas

Berheimer, Ch. (1995). *Comparative Literatura en the Age of Multiculturalism.* J. Hopkins University Press.

Casanova, P. (2001). *La República mundial de las Letras.* Editorial Anagrama.

Eckermann, J. P. (1949). *Conversaciones con Goethe.* W. M. Jackson Inc.

Herder, J. G. (1950). *Filosofía de la Historia para la educación de la humanidad.* Editorial Nova.

Kirste, W. (2000). *Weltliteratur de Goethe, un concepto intercultural.* Universidad del País Vasco.

Prawer, S. S. (1998). ¿Qué es la literatura comparada?, en D. Romero López (comp). *Orientaciones en literatura comparada* (pp. 21-35). Editorial Arco Libros.

Preiswek, R. y Perrot, D. (1979). *Etnocentrismo e historia: América Indígena, África y Asia en la visión distorsionada de la cultura occidental.* Editorial Nueva Imagen.

Saer, J. J. (2004). *El concepto de ficción.* Editorial Seix Barral.

Valentine, Ch. (1970). *La cultura de la pobreza. Crítica y contra-propuestas.* Editorial Amorrortu.

CRITERIOS
DE LA INVESTIGACIÓN

*Los poetas tienen cien veces mejor sentido
que los filósofos. Buscando la belleza
encuentran más verdad que ellos.*

JOSEPH ANTOINE RENÉ JOUBERT

Reconstruir una flota
con trece marineros

Yordan Arroyo

Tres de las metas principales de los cuatro criterios aquí desarrollados son justificar las razones que obligaron a delimitar el material de trabajo, argumentar por qué se escogieron tales poemas y autores y exponer algunas tensiones metodológicas que aparecieron durante el proceso y diseño de esta antología.

1.   Criterio de delimitación:

Debido a la urgencia de que un crucero cargado con libros volviera a llegar, cuatro años después, a la provincia conocida como la Perla del Pacífico, tierra de pesqueros, gente trabajadora, humilde, y, por supuesto, de artistas y poetas, se decidió mostrar un fragmento de la flota *Letras de Arena. Trovadores del mar*[8], proyecto propio que se espera pueda ver, algún día, la luz del faro. Esta futura investigación, de la cual nace este libro, podría considerarse

---

[8]   Historia de las literaturas puntarenenses que Yordan Arroyo Carvajal viene preparando desde 2019.

37

de interés para las literaturas costarricenses, principalmente, para los estudios literarios regionales[9].

Dicho trabajo en desarrollo, según los objetivos propuestos hasta el momento, tiene el interés de realizar investigación de campo en diferentes lugares de la provincia de Puntarenas, entre ellos, en comunidades prehispánicas. La Perla Bendita, como la nombra Gabriela Toruño Soto en uno de sus textos incluidos en *Antología poética puntarenense. Letras de Arena. palabras de nuestra gente* (2019), es aposento, en palabras de Minor Arias Uva, de los tambores que resuenan en las arterias y de los cantos ancestrales que elevan su voz en la Naturaleza, majestad divina y sagrada, tal cual se aprecia en muchos de los poemas incluidos en este libro. Gran parte de esta muestra poética posee temas relacionados con la naturaleza (algunos desde un horizonte más crítico que otros)[10].

En las literaturas costarricenses aparecen diferentes casos por considerar. Hay escritores que viven cierto tiempo en una región, esto permite que sus obras literarias se vean

---

[9] Véanse, principalmente, Corrales (2019 y 2015) y Huertas (2023). Esta última autora, quien permite acceder al más reciente comentario sobre este tema, considera que figuras como Adriano Corrales, Franklin Araya Gamboa, Francisco Rodríguez Barrientos y Sonia Rodríguez Quesada "[…]fueron probablemente los primeros intelectuales que iniciaban el arduo camino literario y abrían un horizonte de estudios regionales que todavía sigue rellenando muchos vacíos" (párr. 12) y agrega a Baruc Chavarría (literatura minera), Miguel Fajardo Korea (literatura guanacasteca) y a Yordan Arroyo (poesía puntarenense).

[10] La afinidad por la naturaleza es visible en algunos escritores regionales, aunque esto no sea un elemento propio y único de las regiones ni de sus autores. En este punto se concuerda con González (2022).

marcadas, directa o indirectamente, por sus experiencias de migración interna; un ejemplo es el de Luissiana Naranjo Abarca, quien vivió durante algún tiempo en Monteverde. Esto explica por qué la naturaleza se encuentra en muchos de sus poemas. Además, dirige el encuentro literario *El Poeta y el Medio Ambiente*. No obstante, no sólo los escritores regionales escriben acerca de la naturaleza; aunque en sus textos existe una mayor cercanía con tales espacios y en términos filológicos, se pueden hallar códigos estéticos o tópicos propios de este tema (un caso reciente es el de Pamela Monge)[11]. Costa Rica, en términos generales, es un país con mucha biodiversidad, asunto que repercute, directa o indirectamente, en el contenido literario de sus poetas.

Respecto a este tema, interesa citar algunas ideas de la poeta y escritora Nidia Marina González (2022), porque para ella:

> [...] los escritores hablamos de la muerte, del tiempo, de la vida, del amor, del existencialismo, esos cruces de vía están en todos los textos, con un peso semántico mayor o menor, y lo hacemos desde nuestro topos, desde el paisaje o los paisajes que nos sostienen y de los paisajes que atravesamos, sean cuales fueren (párr. 4).

Según esta misma artista ramonense, los "[...] regionalismos deben desaparecer como tales para construir

---

[11] Véanse sus poemas "Cuando todos duermen yo salgo a caminar por el cafetal" y "En el río Candelaria", ambos en la antología *Atemporal* (2020), a los cuales Yordan Arroyo hizo referencia en el I Congreso de Estudios Literarios Regionales de la Universidad de Costa Rica.

una historiografía con focos más amplios y apostar por las inclusiones con toda su flora y fauna" (párr. 5). Aunque tales palabras son efectivas para una visión literaria y de escritura creativa, en la investigación filológica provocan algunas tensiones epistémicas y discrepancias con los objetivos de este libro. Es importante nombrar y referirse a los estudios regionales y los regionalismos para que sigan existiendo y se visibilicen[12]. Cuando se habla de literaturas ramonenses, puntarenenses, guanacastecas, orotinenses[13], sancarleñas, sarchiseñas, palmareñas[14] y peceteñas[15], se entra, dentro de los imaginarios culturales, en el campo de literaturas periféricas, muchas de ellas excluidas (no necesariamente por asuntos de calidad) en historias de la

---

[12] En palabras de Huertas (2023), eliminar fenómenos de ostracismo canónico y de violencia epistémica (citando a Lotman 1996) aspectos muy arraigados en las literaturas de las regiones.

[13] Aunque no nacido en Orotina, pero sí con un compromiso cultural y literario desde hace ya varios años, es necesario destacar el caso de Óscar Leonardo Cruz, pseudónimo Calú Cruz, autor de cuatro libros de cuentos: *Cuentos de mamá muerte* (2012), *La corrosión de los Entes* (2016), *El eco de los durmientes* (2018) y *La sociedad de las moscas* (en prensa, 2023, Editorial Letra Maya y primer lugar del Certamen Literario Brunca, 2021) y diferentes poemas (publicados en antologías y revistas) que reproducen una idea de solidaridad, esperanza y humanismo. Además, es el fundador de la Birlocha literaria en Orotina.

[14] Es importante destacar el caso de Marino Ramírez Huertas, escritor independiente con más de 100 libros publicados, labor que inició desde 1978.

[15] Podrían agregararse muchos casos más, incluso de San José, por ejemplo, Desamparados, literatura a la cual se refirió la poeta y escritora Laura H. Zúñiga en el I Congreso de Estudios Literarios Regionales de la Universidad de Costa Rica.

literatura, antologías y a pesar de ciertos cambios actuales, ignoradas en universidades y editoriales públicas[16].

Si se intentara sublimar o universalizar este terreno, el quehacer en la investigación filológica se volvería más pantanoso. La literatura es un campo que atrae y expulsa fuerzas de poder; las literaturas puntarenenses han sido aisladas de los imanes oficiales, canonizados, centrípetos o vallecentralistas[17]. Las más recientes y futuras investigaciones deben contemplar la importancia de la sociología literaria[18]. Tener este método en cuenta ayudará a comprender por qué detrás de todas las disciplinas artísticas hay sectas, mafias e intereses políticos, ideológicos y económicos de por medio.

Muchos de los autores que viven y escriben acerca de sus regiones, así sea de manera indirecta, difícilmente tendrán oportunidades similares a las de quienes producen sus obras desde San José, colocan la urbe como destinataria o en el mayor y más reciente caso en apogeo, apuestan por

---

[16]   Huertas (2023) agrega, a dicho corpus, la literatura minera, donde destaca la labor de investigación de Baruc Chavarría.

[17]   Cabe aclarar que, en este libro, por vallecentralismo se comprende un proceso de exclusión concentrado en San José, no en todo el Valle Central.

[18]   Ténganse en cuenta los trabajos del ya fallecido sociólogo francés Pierre Félix Bourdieu, en especial las nociones de "campo literario" o por citar un caso reciente y preciso, Rodríguez (2023).

imaginarios universales[19]. En la mayoría de hallazgos, los escritores que viven en las regiones, a través de sus textos, se oponen a cánones literarios y estéticos oficiales y a los modelos de marketing determinados por la globalización y el capitalismo, cuya expansión, actualmente, sin importar si tienen pésima calidad, se difunde de manera masiva por medio de las redes sociales[20], los espacios cibernéticos y otras plataformas. Un ejemplo en España es el sobrevalorado fenómeno de la así llamada "influencer" Elvira Sastre, cuya producción poética es deficiente y epidémica[21].

Debido a lo anterior, no es casualidad que este libro se publique en una editorial privada, Nueva York Poetry

---

[19]   Este punto se expandió más con la llegada de los espacios digitales y el acceso cada vez más veloz a textos y autores de diferentes partes del planeta tanto en versiones originales como en traducciones o en formatos bilingües. También, la poesía posmoderna apuesta por lo veloz, lo reducible al olvido y a la reconstrucción (rompecabezas), aspectos fuertes en la contemporaneidad. Véanse algunas ideas sobre este tema en Guichard (2021).

[20]   Lamentablemente, este mal, como si un virus fuera, ha empezado a afectar a diversos escritores puntarenenses que inician en el camino de la escritura y se ven engañados por elogios, premios y por la falta de filtros. Este tipo de personas lanzan sus textos (desde un finególatra y sin ni siquiera corregirlos o autoevaluarlos) por redes sociales y otros medios.

[21]   Término propio para referirse a su seguimiento por parte de muchísimos jóvenes en América Latina y España, quienes, a la hora de escribir, siguen sus pasos sin cuestionamientos algunos.

Press[22], con autofinanciamiento[23]. Cuando se empieza a hablar de literaturas regionales y tópicos o códigos regionalistas, si se logra argumentar bien, se construye una lucha contra las hegemonías literarias. Igual sucede, por citar algunos casos, con las literaturas escritas por mujeres y las literaturas escritas por autores nacidos en pueblos originarios (tradicionalmente llamadas "literaturas indígenas") y por afrodescendientes. Todas ellas son parte de las literaturas periféricas y como tal, merecen y ameritan sus propios espacios dentro de los estudios literarios. Asimismo, es necesario identificar códigos estéticos y tópicos particulares. Para intentar lograrlo, en este libro se proponen ideas teóricas y aproximaciones metodológicas que podrían servir como insumo para nuevas investigaciones y posibles cursos universitarios.

Hacia la construcción de nuevas rutas de navegación

Frente a la incertidumbre de no saber fecha de publicación del proyecto propio *Letras de Arena. Trovadores del Mar*, en donde se rescatan textos de diferentes autores muertos, entre ellos, Pedro J. García Roger (Guayacán),

---

[22]   Como si intencional fuera, aunque no es así, el nacimiento de este libro se dio en Estados Unidos, lugar donde Enrique Araya Cano muere, propiamente en San Francisco, California. Véase en anexos la notificación (telegrama) del Hospital de San Francisco, dirigida a su hermano Mr. Gonzales Araya, en Costa Rica. Material adjunto a su poema "A Puntarenas" del cual se desconoce su origen.

[23]   Los autores decidieron reunirse y establecer una cuota individual para llevar a cabo la impresión. El apoyo y los trabajos de Yordan Arroyo Carvajal y de Damián Leandro Sarro fueron gratuitos.

poeta romanticista-modernista (en transición) y Virginia Grütter Jiménez, una de las más importantes voces de literatura escrita por mujeres costarricenses del siglo XX, se optó por seleccionar el corpus poético, únicamente con integrantes del Colectivo Poético Costeño.

El hecho de que esta antología se viera restringida a integrantes del Colectivo Poético Costeño, anteriormente Faro Cultural, obligó a separar casos de autores vivos como sucede con Marlene Retana Guido, cuyos pasos literarios iniciaron en 1977 y su primer poemario *Estalactitas del tiempo* se publicó en 2016. La obra de esta autora denota, en su mayoría, una estética trascendentalista, muy ligada a su formación literaria, pero interesa su ejemplo, particularmente, para fines de este y nuevos proyectos por las letras costeñas y regionales, por el espacio que le ha dedicado a su provincia (Puntarenas) en muchos de sus poemas. De Retana, en comparación con otras poetas costarricenses[24], se puede destacar su manejo de mitos griegos a partir de propuestas distintas.

También, aunque no en vida, el caso más importante, Francisco Zúñiga Díaz, más conocido como "Chico", quien dejó un legado literario. De Puntarenas, todos aquí incluidos, fueron alumnos suyos: Ruth Bermúdez Cambronero, Herbert Contreras Vásquez, Anaís Villalobos Kong, Ricardo Segura Amador y Marjorie

---

[24]   La identificación de tópicos regionalistas y códigos estéticos particulares, permite hacer estas diferenciaciones filológicas y poner en contraste dialógico diferentes obras y textos literarios de autores costarricenses en general. Este tipo de análisis dialécticos son más que recomendables.

Jiménez[25]. Es la primera vez que aparecen todos los expupilos puntarenenses de Chico en una antología. Específicamente, en su libro *Geografía Sencilla* (1980) se encuentra, entre otros, en tres secciones, el soneto (forma clásica con la que Zúñiga era muy hábil) "En el mar" (pp. 21-23). Su primera parte está dedicada al pintor José Giralt, remite a un proceso lúdico y armónico de ἔκφρασις (*ékphrasis*) y personaliza a la noche y el mar para presentarlos como parte de un conjuro de colores y música. La segunda, tiene ciertas similitudes, aunque, con un tono más narrativo porque se refiere a una actividad cotidiana en la vida de un marinero (quien sale de casa con la luz del sol y regresa con la noche asechando su barca). La tercera, narra también una historia de un marinero, —aunque aquí se agrega su esposa y se dan mayores detalles—, siempre conservando el regreso al hogar cuando el atardecer, con sus muchos colores, cae para darle la bienvenida a la luna.

En fin, aunque hubo que descartar a muchos tripulantes más, aparte de los citados[26], la selección final[27]

---

[25] Responsable de llevar, por primera vez a Chico, en 1995, a Puntarenas, y enseguida, fundar un taller cuya herencia aún respira en esta provincia.

[26] Esto sucede en todo libro que pretenda ser de la mejor calidad posible, pues esta antología no es hecha para amigos — eso hubiera ahorrado intensas horas de trabajo —, como se da muchísimo en el mundo o en las famosas "capillas literarias" costarricenses, en donde la ética es un concepto desconocido.

[27] Muchas de las personas seleccionadas han pasado por los talleres o asesorías literarias y filológicas de Francisco Zúñiga Díaz, José María Zonta, Yordan Arroyo Carvajal, Ricardo Segura Amador y Damián Leandro Sarro (por invitación de Yordan Arroyo Carvajal, impartió talleres virtuales, en 2021, acerca de la poesía del argentino Vicente Huidobro).

intenta mostrar un acto de responsabilidad y respeto hacia el silencio y la violencia epistémica contra las letras porteñas y las literaturas regionales costarricenses en su conjunto. Y cuando se refiere este tema es importante dar a conocer algunos ataques y objeciones que recibieron Elena Manzanarez Juárez y Gabriela Toruño Soto, por parte del Ministerio de Cultura y Juventud[28], durante el proceso de publicación, mediante una beca creativa, de la *Antología Poética Puntarenense. Letras de Arena. Palabras de Nuestra Gente*

---

[28]   Esta institución se encuentra cada vez se ve más amenazada y conforme pasan los años aparecen más cuestionamientos a su alrededor. Por ejemplo, es inexplicable cómo se permitió, para el reciente premio nacional Aquileo J. Echeverría (2022) en el área de poesía, que en el jurado estuviera quien escribió el prólogo del libro premiado (*Baladas de un hombre con Sida*). Además, días antes de salir el veredicto, esta misma persona anunció una presentación oficial y pública, pues ya en ese mismo año, 2022, había ganado el Premio Eunice Odio. Asimismo, una de las personas más allegadas a una miembro del jurado, días antes de anunciarse el ganador, publicó en sus redes sociales la posibilidad de que se le otorgara dicho premio a Pablo Narval y luego, apareció atacando a quienes estaban contra el veredicto (con evidentes intereses personales) cuando en realidad, la calidad del libro premiado es bastante cuestionable y se encuentra muy por debajo de otros poemarios como *Fosario* de Carlos Villalobos o *Zurda* y *Anamnesis* de Nidia Marina González Vásquez, quienes también estaban postulados. A este aspecto se han referido en sus redes sociales autores de reconocida trayectoria, entre ellos Alfredo Trejos, quien no comprende ni está de acuerdo con que asignen premios por cuestiones extraliterarias. Es necesario asumir futuras acciones contra decisiones de esta índole, producidas, ciertamente, por ciertos grupos josefinos que pertenecen a instituciones de poder y suelen buscar intereses personales.

(1990-2019)[29]. Esto obligó a que gran parte del trabajo del colaborador principal, Yordan Arroyo Carvajal, fuera gratuito, pues dicha entidad redujo los presupuestos prometidos y presentó todo tipo de imposiciones e incomodidades, entre ellas las siguientes:

- Contratar al personal filológico que ellos quisieron. Al final, dicho trabajo fue poco satisfactorio. Quedaron errores por solucionar.

- Censurar la posibilidad de que se pudiera agregar el logo del colectivo Faro Cultural (aquí incluido. Véase la contraportada). El único fin de esto era dar a conocer esta desconocida agrupación y no lo permitieron.

- Lanzar la pregunta, en una primera reunión en Esparza, 2019, ¿para qué sirven la literatura y los talleres literarios que proponen?[30] Desde este momento, se insistió en restarle valor al proyecto y paralizarlo.

---

[29]   Compilación de poemas hecha por Elena Manzanarez Juárez y Gabriela Toruño Soto, con apoyo de Yordan Arroyo Carvajal. No posee criterios de selección. Dicho trabajo posee relevancia historiográfica y responde a un método sociológico de investigación de campo, en donde ambas compiladoras se dieron la tarea de buscar autores en sus respectivos hogares. Se incluyó, por ejemplo, el caso interesantísimo de Abelardo Brice, poeta oral de la isla de Chira. No obstante, la calidad de muchos de sus textos es bastante cuestionable.

[30]   Este tipo de situaciones suceden al colocar, en puestos culturales, a personas que ni siquiera tienen idea de qué engloba la palabra cultura. Están en dichos puestos por amistades o influencias políticas. Es notorio que un país con su organismo cultural encarcelado es un territorio propenso al vacío y a la mediocridad, como sucede actualmente en muchos sectores de Costa Rica.

Frente a estas tres disyuntivas y otras tantas más, se trataron de cometer la menor cantidad de errores posibles, para presentarle este proyecto al consejo editorial de Nueva York Poetry Press[31], quienes a pesar de tener una imagen muy prestigiosa, apoyan, desde una de sus direcciones humanistas, por medio de la poeta y gestora cultural Marisa Russo, propuestas como esta. Para lograrlo, se redujo al máximo el número de seleccionados puntarenenses, únicamente se dejaron trece autores, lo cual, parece ser, a simple vista, una cantidad equilibrada; ni mucha ni muy poca. Además, sin pretenderlo así en un principio, es un número, según la cosmovisión maya, con una simbología sagrada, representa la creación y el inicio de un nuevo ciclo. Esto se asocia a la idea de intentar cubrir, mediante este libro, un proceso desigual que, en la historiografía literaria costarricense, aunque su epicentro sea en San José, se ha empezado a denominar "vallecentralista"[32].

Por otro lado, como en todo quehacer literario de selección, fue imposible librarse de tensiones metodológicas, constantes durante estos largos y cansados procesos que, como bien lo señala Magda Zavala (2011)[33], en la mayoría de ocasiones se hacen por amor debido a la falta de apoyo y financiamiento público. Entre las

---

[31] Editorial independiente.

[32] Algunas de las personas que así lo han denominado son, en su respectivo orden histórico, Adriano Corrales (2019), Yordan Arroyo Carvajal (2021) y Kimberly Huertas Arredondo (2021 y 2023).

[33] Su antología de mujeres poetas centroamericanas permite argumentar que una antología puede incluir poemas inéditos, más en casos de literaturas tan tensas y llenas de exclusiones como la presente o en el suyo, literaturas escritas por mujeres.

dificultades halladas fue seleccionar, casi por fuerza, tres poemas por autor. Tras tener como prioridad la calidad de los textos, fue la mayor cantidad de poemas posibles para algunos escritores. Aunque tenían muchísimo más material, no cumplían con las normas establecidas y, por tanto, provocaban un desbalance muy difícil de controlar.

Punto aparte merecen Minor Arias Uva, Herbert Contreras, José Luis Arguedas Arce y Ricardo Segura Amador. De ellos, Contreras es el único escritor con obra inédita, aunque conservada, durante muchos años de oficio poético, para una próxima publicación. De sus libros inéditos se incluye, en esta antología, su poema "Regocijo del ser", dedicado a su madre e inscrito en un paradigma metafísico, cósmico, íntimo, hiperdialógico, lúdico (como poeta posmoderno) y con un trasfondo muy humanista. En su último verso se hace referencia al corazón de la esperanza humana, misma que dialoga con su epígrafe, proveniente de *Odas* (I, 11, 8) de Horacio, hoy, como nunca antes, inmerso en la cultura de masas: *Carpe diem quam minimum credula postero.* Actualmente, también cabe destacar su participación en espacios nunca antes pensados.

Por su parte, de esta lista, en términos de propuestas más riesgosas, experimentales y distintas (por lo menos en cuanto a poesía puntarenense), cabe abrir un paréntesis para referirse a José Luis Arguedas Arce[34]. Su trabajo literario

---

[34] Él formó parte, durante un tiempo, del colectivo Faro Cultural, pues igual que Anaís Villalobos, debido a conflictos internos, ya no. Es autor del poemario *Bitácora del ahogado y otros poemas* (2018) y su poema "Algo sobre la generación del 99" (pp. 299-303), el más contemporáneo de todos los seleccionados, fue incluido en *Antología Poética Puntarenense. Letras de Arena. Palabras de Nuestra Gente* (1990-2019).

atenta contra ciertos grupos de moralistas josefinos de la poesía costarricense, quienes consideran, herméticamente, que la poesía sólo está en la construcción de imágenes bellas, metáforas (no admiten tonos narrativos ni prosaicos), cuando en realidad, muchos textos de estos detractores llevan años fosilizados (desgaste y repetición abrupta de sus propias voces)[35]. En sus obras no hay fondo alguno, trabajo con una idea, con una manía, desorden mental o emocional, un fin fónico ni una propuesta de destruir a una tradición o refrescarla y mucho menos ir contra los cánones, como suele suceder con Arguedas, quien en diversas ocasiones recurre a estilos conversacionales y coloquiales, dejando claro que no sólo existe una forma de definir y escribir un poema. Cabe destacar su particular y heterogénea rebeldía, en formas, estilos y contenidos, provocando un enfrentamiento dialéctico entre el mundo urbano y el regional (esto está marcado por su nomadismo: ir y venir de San José[36] a Esparza y viceversa), el mundo tradicional y el de la era del internet (estéticas cibernéticas) y el caos, debido a su relación y diálogo con las neo o postvanguardias chilenas del siglo XX.

---

[35] Son detractores de ciertas obras, pero actualmente, para un lector serio, sus producciones, al lado de obras (muy completas y diversas) de autores como Mía Gallegos, Mauricio Molina Delgado, Carlos Villalobos, Nidia Marina González Vásquez, Juan Carlos Olivas y Alfredo Trejos, dejan mucho que desear.

[36] Actualmente, se encuentra llevando talleres literarios con el poeta y escritor costarricense Luis Chaves, cuya obra genera muchas discrepancias debido a que, desde nuestro punto de vista, se ha convertido en un culto dentro de las academias, cuando en realidad, como casi todo escritor, posee textos que, indiferente a la figura idolatrada de su autor, poco o prácticamente nada positivo y serio aportan al panorama poético.

De estos cuatro autores, así como muchos de otras regiones, Arce destaca por su constante lejanía de los gurús literarios y de grandes actividades que se desarrollan mayormente en la capital. Sus producciones poéticas son desconocidas por muchas personas. Escribe en silencio, en su sombra y propia lejanía; alejado de las provocaciones del ego; es necesario seguirle el rastro[37].

Permitirles cuatro poemas o más a quienes no lo merecían era arrancarle plumas al Fénix sin que ni siquiera alzara vuelo. Además, tener cantidades desproporcionadas no estaba en los planes de trabajo[38]. La delimitación en el número de poemas seleccionados fue uno de los criterios con más movimientos sísmicos entre las placas tectónicas que chocaban, cada vez más fuerte, conforme este huracán iba adquiriendo vida. Como argumento crítico, los lectores de *Bitácora de 13 navegantes en Pan-de-Mar* (2023) encontrarán poemas con más solidez, propuestas estéticas y tradiciones que otros.

Por eso, sin la obligación de citar todos los nombres y de esta forma dejarles un espacio a los lectores para que externen sus respectivas valoraciones o anécdotas de lectura, la selección aquí presente denota, sin perder

---

[37]   Como también lo amerita, particularmente, el caso del poeta brorán, Leonardo Porras Cabrera, quien inició en el género lírico y actualmente incursiona, además, en narrativa.

[38]   Se sabe de antologías poéticas que no conservan un equilibrio entre la cantidad de poemas publicados por autor, entre ellas, *Antología de la poesía española del siglo XX* de Miguel Díez Rodríguez y María Paz Díez Taboada (1991); sin embargo, al trabajar con un material literario tan complejo, lleno de tensiones y en su mayoría inédito, se decidió mantener un equilibrio en la cantidad de textos seleccionados.

objetividad, voces noveles[39] como el quepeño[40] Alexis Fallas Blanco y la orotinense, aunque criada y actualmente en Puntarenas, Ruth Bermúdez Cambronero[41]. Alexis rescata, en una concha, tradiciones y frases populares[42], aunque, la fuerza poética, de pies a cabeza, igual a como sucede con Ruth, no sea el vestido de gala de ambos en su producción literaria; más maduras, entre ellas —a pesar de que no hayan recibido la atención que merecen—, las filosóficas, de corte humanista y armónicas (Herbert Contreras), híbridas, místicas y neoplatónicas (Ricardo Segura), experimentales y

---

[39] Según se ha comprobado, esto no es un tema de edad, sino de la anchura del músculo de la lengua y del brazo de cada escritor, ejemplo, el poeta más joven de este libro, Jorhan Chaverri Hernández, hábil en la construcción de imágenes, entre ellas, de contenido erótico. De toda la provincia de Puntarenas, el escritor más joven del cual se tiene conocimiento es Elim Acevedo Barrantes, nacido en 1999. Algunos poemas suyos fueron publicados en la revista literaria *Círculo de Poesía*.

[40] Aunque, como se ve en su biografía, este autor nació en Nicoya. Por su parte, quepeño es gentilicio de Quepos.

[41] Con ambos autores (Ruth y Alexis) hubo mayor dificultad, por tanto, fue necesario trabajar muchísimo más sus textos y dedicarles, individualmente (a manera de lecciones literarias), mucho tiempo. En caso de que este libro fuera una antología de poesía puntarenense (considerando toda la región y sus posibles mejores voces) no hubieran sido seleccionados.

[42] Muy similar al estilo de Abelardo Brice, poeta oral de la isla de Chira, quien ni siquiera se intentó agregar a este libro porque no es parte del Colectivo Poético Costeño ni lo fue de Faro Cultural (su distancia geográfica justifica las razones) y además hay que pulir sus textos. También, al de Gabriela Toruño Soto, cuya destreza no es el trabajo con el lenguaje poético ni construir propuestas estéticas de interés (razón por la cual no pasó los filtros editoriales), sino el rescate de tradiciones, desde un horizonte popular, muy tradicional y con evidente carencia de formación literaria, aspecto muy arraigado en Puntarenas debido, en gran parte, a su lejanía con respecto a la ciudad y su condición económica en temas culturales.

de las cotidianidades (José Luis Arguedas es constante en este punto. Asume su voz contra los cánones más tradicionalistas), genealógicas, telúricas y antropológicas (Minor Arias) y muy diversas del grupo mayor: Minor Arias Uva, Herbert Contreras Vásquez, José Luis Arguedas Arce y Ricardo Segura Amador[43], para quienes, según se lee en sus textos, la escritura creativa parte de un principio tedioso y muy extenso de lecturas que se despiertan y rugen (incluso lecturas de la vida), fuertemente, cuando el lector de vida, de libros y de la naturaleza, se cambia su traje para convertirse en escritor; o incluso, que ya se defienden con una tabla de surf en el mar, tal cual los casos de Marco Antonio D' Sandra y Marjorie Jiménez Castro[44], quienes están, posiblemente, dada la certeza rítmica, variedad estética y algunas veces, creación de efectivas imágenes, leyendo, directa o indirectamente, consejos de escritura creativa, pero, según se evaluó durante la escogencia, todavía les falta añejar, un poco más, como todo artista de oficio, las pestañas y los dedos en el papel, para alcanzar el horizonte que presentan, por ejemplo, Ricardo Segura, Minor Arias Uva y Herbert Contreras.

---

[43]   Después de casi 30 años de no publicar un poemario (*Ecos*, 1993, Premio Joven Creación), recientemente, en 2021, publicó su libro *100 poemas impresionistas*. Téngase en cuenta el acercamiento de José María Zonta, como tallerista, a la provincia de Puntarenas. Existe una lejanía cultural por cubrir. Es necesario tener más espacios literarios para actuales escritores porteños y futuras promesas. Asimismo, enriquecer la labor cultural de esta provincia costarricense. Algunas labores de interés se están desarrollando, actualmente, en la Universidad Técnica Nacional.

[44]   Marco publicó, en 2017, su ópera prima *Sin cuentas a Mayo* y Marjorie todavía no, pero posee obra inédita.

No obstante, a pesar de las delimitaciones del caso, es importante recordar que en esta flota se encuentran cinco exmarineros del esparzano, padre y pionero de los talleres literarios en Costa Rica, Francisco Zúñiga Díaz[45], más conocido como Chico. Él, aunque lo merecía, lamentablemente murió sin recibir el Premio Magón de Cultura, debido, probablemente, al peso de sus orígenes regionales o como hipótesis más cercana a la realidad, consecuencia de sus bases ideológicas, abiertamente de izquierda. Sin embargo, para 2019, recibió homenaje con la publicación de la *Antología Poética Puntarenense. Letras de Arena. Palabras de Nuestra Gente* (1990-2019), liderada bajo el trabajo de Elena Manzanares Juárez, Gabriela Toruño Soto y la compañía del autor de estas páginas y por eso, hoy, este nuevo libro le rinde homenaje a otro autor de Puntarenas, Enrique Araya Cano, aunque en su caso, totalmente desconocido por la historiografía literaria costarricense.

---

[45] Muchos dirán, erróneamente, que fue Laureano Albán (figura que actualmente están intentando legitimar mediante conferencias, lecturas y otras actividades, en donde no se ha hecho referencia, entre otros aspectos, a la lista de autores, con obras de calidad, que censuró por no escribir según sus ideales o por dedicarse a asuntos con los que él, en su hermetismo, no estaba de acuerdo, por ejemplo, la sociología cultural o por haber ofrecido dinero con tal de que estudiaran su obra [asunto ligado a su muy pretencioso afán, hasta el día de su muerte, de obtener el Premio Nobel de Literatura]), lo que incita a debates. Además, Francisco Zúñiga Díaz dejó uno de los legados literarios más importantes de Costa Rica, en términos de calidad y diversidad estética, en las obras de algunos de sus pupilos (por citar tres nombres: Carlos Villalobos, Nidia Marina González Vásquez y Cristian Marcelo). Véase Castro (2022).

2. Criterio geográfico:

Al existir diversidad de orígenes, todos nacidos en Puntarenas[46] e integrantes del Colectivo Poético Costeño, hasta el 2021 llamado Faro Cultural, escoger poetas de diferentes comunidades de la Perla del Pacífico podría considerarse una tarea fácil, sin embargo, esto no ha sido ni fue así, porque, a pesar de tener, entre las diferentes posibilidades, ciudadanos de comunidades periféricas dentro de las periferias[47], ejemplo, Miramar y la isla de Chira, tras tener el criterio de calidad poética (estética y temáticamente) por encima del criterio geográfico, hubo que dejar personas fuera de la lista.

Si se considera la literatura como una actividad de perseverancia y no como simple inspiración o "duende", idea bastante romántica y prolongada a lo largo de la historia, más hoy, en la cultura de masas y bajo fines neoliberales y narcisistas, se espera que muchos de estos escritores en formación básica, quienes tienen la fuerza de voluntad de mejorar y no fueron escogidos en este libro, sigan trabajando con oficio, hasta hacerlo hábito, pues se tiene la misión de seguir desarrollando talleres literarios en Puntarenas, así sea gratis. Cuando este grupo de personas logre este cometido, quizá puedan tener espacio en futuras publicaciones que sigan criterios de rigurosidad parecidos o

---

[46] Aunque, la poesía puntarenense no sólo debe incluir a personas nacidas en Puntarenas. El término "puntarenense" es un criterio complejo y heterogéneo. Algunos detalles al respecto se intentan abordar y proponer a través de este libro.

[47] Puntarenas, por sí misma, a pesar de ser una provincia, representa una de las periferias costarricenses.

iguales a los estipulados en esta antología. Se menciona y hace hincapié en este punto, como paréntesis de interés, porque, se es consciente de que, incluso hoy, tendrán y tienen oportunidad en lugares, muchos de ellos virtuales, donde el engaño, los elogios, la falta de criticidad y el autobombo son invitados de honor.

Lo anterior conduce a una de las más fuertes consecuencias de los espacios virtuales y su golpe contra la cultura, —la seria y rigurosa—, como oficio (orfebrería), pues están incentivando, fuertemente, el autoengaño, el narcisismo y la banalidad. En Puntarenas se tienen casos de personas presentándose como los mejores de la provincia y además, excelentes representantes mundiales de la literatura costarricense. Sin embargo, parte de sus textos, publicados en espacios virtuales sin filtros de evaluación o algunos alabados por pseudocríticos y estudiosos de la literatura (sin criterios sólidos), dicen todo lo contrario, pues en ellos se han identificado puntos preocupantes como los siguientes:

- Carencia de madurez, aspecto notorio en el exceso de adornos, abundantes e innecesarios adjetivos, serias faltas ortográficas y problemas sintácticos sin fin estético o estilístico alguno (según sucede con algunos poetas de las vanguardias).

- Uso de rimas inadecuadas y excesivas. Incluso, a veces se mezclan la rima asonante con la consonante y los versos libres (por desconocimiento y carencia de cuidados).

- Falta de construcción de imágenes certeras, de metáforas, símbolos, figuras retóricas para sustituir lugares comunes, construcción de ideas poéticas y de propuestas fónicas.

- Una muy seria carencia de trabajo con el lenguaje. Es muy notorio, en este tipo de "escritores" o "escribidores en medios virtuales", la pobreza léxica, asunto ligado a la construcción de ideas, faltas ortográficas y problemas sintácticos anteriormente referidos[48].

- Escasez de propuestas estéticas y desconocimiento de la tradición o tradiciones. Exceso de solemnidad. Muchos de estos textos surgen, únicamente, de la idea, muy común en la cultura de masas, de "duende" y "catarsis ególatra". Son admisibles como medio de expresión, pues a nadie se le prohíbe escribir, no así para proyectos como el presente, que, aunque inclusivo, no admite mediocridades en los procesos de escritura creativa.

No obstante, a pesar de los inconvenientes del caso, se logró construir un corpus, geográficamente heterogéneo. Se tienen personas de diferentes barrios, pueblos o comunidades de Puntarenas, entre ellas, Esparza, Buenos Aires[49] y Quepos. Estos dos últimos sitios, debido a su lejanía y a pesar de todas sus bellezas naturales y de su gente y cultura, tienen, lamentablemente, el peso encima de ser

---

[48] En términos generales, este fue uno de los puntos que intenté reforzar en talleres literarios. El interés sigue vigente, pues se encontró, además de pobreza léxica, ligado al contenido educativo, específicamente, en formación literaria de los autores, problemas ortográficos y sintácticos, en muchos casos, bastante serios.

[49] Véase el libro de poemas y relatos *Aires buenos tatuados por la historia* de Luz Alba Chacón (2016), autora también del estudio *Buenos Aires. Cantón de Puntarenas. Apuntes para su historia* (1986).

más invisibles en espacios literarios serios, entre ellos recitales[50], antologías o libros.

También, interesante es la inclusión de personas que, a pesar de haber nacido en Puntarenas, hoy viven en San José, tal es el caso de Carlos Arroyo, quien aparte de ser el autor de la única pintura incluida en el corpus, se integró como poeta[51]. En su identidad literaria mezcla arte y poesía (plasticidad), absorbe cierta tradición de poesía filosófica y por eso duda, irónicamente, de Nietzsche en uno de sus tres poemas. También, crea poesía desde la cotidianidad (aunque en tonos mucho menos contemporáneos y experimentales que José Luis Arguedas), multiculturalidad y en un marco conversacional; además, no olvida sus raíces y sigue teniendo compromiso ético con su región. Asimismo, es interesante la inclusión de escritores nómadas, entre otros, Jorhan Chaverri, quien se mueve entre el centro y la periferia, esto es notorio en su obra, pues no toda respira con los pulmones del mar y la arena. Por último y no menos importante es la inclusión de un poeta de raíces

---

[50] Debido a cambios que comienzan a aparecer en el campo literario, el poeta puntarenense Herbert Contreras Vásquez ha sido invitado a la reciente edición, 2023, del IV Festival Internacional de Poesía de Turrialba.

[51] Su técnica es pastel seco sobre kraft, fue hecha en 2020, durante el periodo de pandemia, y se titula "Especies poéticas marinas". Esta pintura en general y su diseño provocan una mirada identitaria tanto en contenido (elementos marítimos y silvestres) como en los planos cromáticos, en donde aparece el naranja, uno de los más representativos de esta provincia, presente en el color de muchos de sus edificios y en su bandera, cuyos colores naranja, blanco, azul y verde están muy presentes en ella. Respecto al morado, alude, muy probablemente, a uno de los muchos tonos de atardeceres que se logran apreciar en este bello sector del país.

borucas y térrabas, cuna puntarenense, Minor Arias Uva, quien permite que los bosques, la naturaleza como Diosa madre y sus ancestros hablen (con la dulzura de un atardecer en la playa) en cada una de sus creaciones literarias.

3.   Criterio teórico-metodológico:

Los aspectos que dividen los métodos de este libro representan algún problema, tensión o ambivalencia para el quehacer filológico. Esto demuestra las dificultades que implica y conlleva realizar una antología de esta índole, pues ni siquiera se cuenta con bases previas, es decir, una propuesta cercana o similar en las literaturas puntarenenses. Esta sección es uno de los ejemplos más claros de complejidad. Primero, antes de sentarse a leer los poemas de los diferentes integrantes del Colectivo Poético Costeño era necesario plantearse algunas interrogantes formuladas en 2021, por primera vez, en la revista literaria *Kametsa*:

- ¿Qué es poesía puntarenense?

- ¿Qué se entiende o se ha dado a entender por poesía puntarenense? ¿Existe?

- ¿Se habla de poesía puntarenense en las academias, instituciones de poder y círculos literarios?

- ¿Se habla de poesía regional? ¿Qué implica el concepto "regional"? ¿Acaso es, únicamente, la poesía escrita por autores nacidos en Puntarenas, San Ramón, Turrialba y otras regiones o periferias de Costa Rica? ¿Y si esos poetas sólo nacieron en Puntarenas y se marcharon para San José u otros lugares, deja de ser poesía puntarenense? ¿Qué sucede con Jorhan Chaverri, Luz Alba Chacón[52], Carlos Arroyo y Marlene Retana Guido, quienes viven, la mayoría de su tiempo, en la capital? ¿Qué sucede con Rocío Mylene Ramírez González[53], quien nació en Puntarenas y hace aproximadamente veintiséis años vive en San Ramón de Alajuela y por eso, ambos lugares respiran en su obra poética? ¿Qué sucede con quienes no nacieron en Puntarenas[54], pero llevan muchos años de vivir en esa provincia, convirtiéndose en una especie de hijos adoptivos, como sucede con los recientes casos de Susana Alvarado (Puntarenas Centro), David Cruz[55] (Miramar) y Anaís Villalobos Kong?[56] Esta última autora nació en San José, pero se casó con un

---

[52]   Otra de las autoras, con amplia trayectoria literaria, que no se pudo incluir en este libro.

[53]   Se le puede considerar, según gustos literarios, la actual autora viva, nacida en Puntarenas, con obra literaria de mejor calidad (contenido, estructura y propuestas estéticas).

[54]   Un caso interesante es el de Ana Ligia Leal, quien nació en Guanacaste, pero posee vínculos culturales con Puntarenas. Tres de sus poemas, de una considerable calidad, aparecen en *Antología Poética Puntarenense. Letras de Arena. Palabras de Nuestra Gente* (2019, pp. 99-101) y además fue incluida en la antología *Con Mano de Mujer. Antología de poetas centroamericanas contemporáneas* (1970-2008) de Magda Zavala (2011).

[55]   Actualmente reside en Estados Unidos. Su obra poética publicada no presenta relación alguna con la provincia de Puntarenas.

[56]   Actualmente vive en San José por temas de trabajo, pero no posee una separación total con Puntarenas. Cabe destacar que su apellido se debe a su abuelo materno, de origen asiático.

costarricense de origen asiático[57] y durante gran parte de su vida estuvo en Puntarenas. ¿Los textos de estas personas deberían pertenecer o no al corpus de poesía puntarenense?[58]

- ¿Qué sucede con escritores como Minor Arias Uva, Leonardo Porras Cabrera, Severiano Fernández Torres y Luz Alba Chacón, quienes nacieron, siguen viviendo o crecieron durante gran parte de sus vidas en Buenos Aires de Puntarenas, cuna de voces tradicionalmente llamadas "indígenas" [borucas y térrabas]? ¿A pesar de

---

[57]   Matrimonio con Carlos Alfredo Acon Li, registrado un 30 de abril de 1988 en Puntarenas.

[58]   Por otro lado, se encuentra el interesante y casi desconocido caso de Minor Herrera Valenciano, autor de la novela *Los Hijos del Diablo* (2015), quien además escribe poemas (puede verse uno de ellos, con huella narrativa, en este link: https://www.facebook.com/colectivoculturalbirlocha/photos/a.8414 44132560468/3679180348786818/?type=3); actualmente se encuentra preparando un poemario. Este autor nació en Puntarenas, pero se le menciona, porque es otro caso de nomadismo, ha tenido que moverse entre Puntarenas, Jesús María, San Ramón, San José y Atenas de Alajuela, donde reside actualmente con su familia. Destaca por una importante trayectoria, desde muy joven, en la Universidad de Costa Rica, donde es docente y ha fungido en diferentes áreas.

Asimismo, aunque existan muchos ejemplos más que podrían enriquecer esta lista, debe mencionarse, por último, el caso de Fernando Villalobos Chacón, decano de Universidad Técnica Nacional y autor de seis libros de historia, y con reciente publicación de su ópera prima en poesía en donde aparecen distintas referencias a Puntarenas, no obstante, prima un factor más narrativo más que lírico. Por su lado, en otros poemas que se han leído de este autor y pendientes de publicación, prevalece la inclusión de datos históricos, entre ellos, vinculados con comunidades, así llamadas "indígenas costarricenses".

que se les suele llamar poetas peceteños o josefinos[59], deberían o no pertenecer al corpus de poesía puntarenense? ¿En el caso de Severiano Fernández Torres y Leonardo Porras Cabrera, poesía puntarenense o poesía boruca y térraba?[60]

- ¿Qué sucede con quienes dedican poemas a Puntarenas y no son de allí, ejemplo más antiguo[61], ("En Puntarenas", 1904)[62], según bases propias y actuales, Lisímaco Chavarría[63], quien además escribió, en 1910,

---

[59] Estos últimos dos gentilicios se utilizan para referirse a personas de Pérez Zeledón y de San José.

[60] Definir qué es poesía indígena ya implica, por su cuenta, un campo lleno de tensiones. Véase Araya y Zavala (200z2). Algunos problemas, incluso, respecto al término indígena se presentaron el 07 de julio de 2023 en el XLIV Congreso del Instituto Internacional de Literatura Iberoamericana, en la Universidad de Atenas, Grecia, en la ponencia "Poéticas abyalenses en Centroamérica: propuesta de análisis literario en el contexto de las revistas digitales" de Yordan Arroyo Carvajal (en proceso de publicación).

[61] Con ello se hace referencia, aparte de autores costarricenses, al primer poema en verso, porque existe uno anterior, aunque en prosa: "La playa de Puntarenas" (1895 en Revista *Notas y letras*) de Antonio Padrón (sin registro de datos biográficos. Véase Monge, 2014). Para un panorama más amplio y detallado, véase la conferencia de Arroyo (2023) "Lisímaco Chavarría y Puntarenas: tradición poética y sus rupturas", organizada por la Biblioteca Nacional de Costa Rica.

[62] Lisímaco publicó este poema cuando todavía firmaba como Rosa de Chavarría (véase en anexos) y en el mismo año del nacimiento de Enrique Araya Cano.

[63] Súmese Carlo Magno Araya, quien publicó y escribió poemas en Puntarenas y para Puntarenas, entre ellos "Música horrible" (13 de septiembre de 1920, *El viajero*), "Puntarenas" (21 de octubre de 1920, *El viajero*) y "El verano" (25 de noviembre de 1920, *El verano*). Cabe agregar que dichos textos, si los comparamos con los de Lisímaco Chavarría, poseen una calidad cuestionable.

un himno para la provincia?[64] ¿Qué sucede con Eduardo Calsamiglia, oriundo de San José y autor del poema largo, mismo título que el de Lisímaco, "En Puntarenas"?[65] ¿Más actualmente, qué medidas se deben asumir con Adriano Corrales, quien aunque no nació en Puntarenas es autor del libro *Puerto de arenas* (2020), dedicado, en su primera sección, a dicha provincia? ¿Deben o no considerarse este tipo de casos dentro de este corpus o debería abrirse una categoría que se titule «Poesía en Puntarenas»? ¿Existen o no posibilidades de plantear una estética de lo "costeño", así como se puede proponer una estética de lo "ramonense", lo "sancarleño" y de lo "regional", que no necesariamente obligue al autor o al artista en general[66], vivir o haber nacido en un determinado sitio, sino tener ciertas manifestaciones de compromiso ético y literario con una región o varias regiones?

En fin, son muchísimas las preguntas que engloban las categorías "puntarenense" y "regional". Parte de estas dudas son riesgosas, sin embargo, la posible manera más objetiva de responder, luego de tener clara la existencia de poesía puntarenense y la importancia de los conceptos

---

[64] En celebración de la inauguración oficial del ferrocarril, ruta San José – Puntarenas. Tal aporte fue publicado el 06 de agosto de 1910 en el periódico *El Pacífico*.

[65] Este poema, de calidad cuestionable, se publicó el 14 de julio de 1907 en el periódico *El Fígaro* bajo el pseudónimo AILGIMASLAC (Calsamiglia al revés).

[66] Piénsese, en música, en Orlando Castro Zeledón, nacido en San José un 7 de diciembre de 1922. Al final, aunque exista una fuerte cercanía, se analiza la manifestación artística, no la persona.

"regional" y "puntarenense", como espacios de lucha contra lo centrípeto[67], es dejando el espacio abierto a variedad de posibilidades, entre ellas, no cerrar el campo a un asunto geográfico ni mucho menos temático.

La poesía puntarenense, al igual que las literaturas regionales (campo al que pertenece) deben comprenderse como fenómenos complejos, ambiguos y en constante movimiento; provocan diferentes choques de poder y exclusión, de tradiciones populares muy arraigadas[68] y de leves rupturas. Por eso, para determinar la selección de textos fue importante especificar que, aunque era relevante tener poemas de calidad (en forma, lenguaje y contenido), alusivos al mar, la arena y diversos elementos o códigos costeños (que producen una estética) propios de la provincia en los campos lingüístico, estético y temático, también se consideraron otras variantes propias de la voz y tradiciones de cada autor o de cada autora.

El objetivo principal para la propuesta de este libro fue escoger heterogeneidad en el contenido literario (en los componentes temático, estilístico y estético). A raíz de esto,

---

67   Fuerzas de poder que derivan del centro, los espacios hegemónicos y de mayor apoyo, en este caso San José, capital de Costa Rica. Parte del prólogo de este libro, a cargo de Damián Leandro Sarro, se mueve en esa discusión.

68   Por esta razón, Puntarenas es una tierra de muy rico repertorio musical. Piénsese en el nombre, muy reconocido, de Orlando Zeledón Castro, quien, aunque no haya nacido en Puntarenas, ha trabajado, como compositor, muchas obras importantes para Puntarenas y es, además, el autor de la emblemática pieza "Recordando a mi puerto". El Sistema Nacional de Bibliotecas de Costa Rica permite acceder, de manera virtual, a un importante material auditivo. Véase: https://sinabi.go.cr/biblioteca%20digital/fonoteca/puntarenas/index.aspx

el público lector podrá encontrar, desde voces, estilísticamente, con una tendencia barroca[69] y temática, y en el campo estético, con mucha fuerza discursiva, empapada de las más extensas tradiciones de la poesía española, de la norteamericana, la francesa y de las tradiciones cristiana, neoplatónica, neoclásica e hindú, motor de impulso y de recreación, tal cual es el caso de algunos poemas de Ricardo Segura Amador; hasta voces con la capacidad de decir mucho con poco y con un dominio rítmico, uso de lenguaje filosófico (en su máximo sentido) y material comprometido ética y socialmente con un fin humanístico, pero principalmente, por las comunidades prehispánicas costarricenses[70], ejemplo claro, Herbert Contreras Vásquez, cuya relación anglo y latinoamericana parece ser notoria, a lo largo de su poesía, con Walt Whitman y César Vallejo y respecto a la tradición costarricense, con la versión estética de Jorge Debravo que

---

[69]   Entiéndase por barroco, un movimiento que opta, además del desencanto, la crítica e inquietud [en literatura] por los adornos (adjetivos, pero en el caso de Ricardo Segura Amador, con una función estética en algunos casos, cercana al neoplatonismo), inclinándose por tonos narrativos. Esto se ve, además, en su estructura. Se rompe con el verso clásico y apuesta por la densidad. El mejor ejemplo de esta antología se encuentra en los poemas de Ricardo Seguro Amador, un poeta clásico en la recuperación de tradiciones, entre ellas bíblicas, pero posmoderno en el juego y readaptación de ellas, llevándolas hasta una estética lúdica y dialógica de lo profano.

[70]   En esta antología se incluye un poema de temática indigenista, cuya autoría es de Herbert Contreras Vásquez. Para la diferencia entre poesía indígena e indigenista véase Araya y Zavala (2002).

clamaba por la hermandad y por la idea de salir a tomar la paz a golpes cuando era necesario[71].

El mar resonará, de diferentes maneras, en muchos de estos poemas, por tanto, la principal meta, establecida desde un principio, logró concretarse. Se leerán, desde textos más tradicionales, hasta aquellos más relacionados con las vanguardias y postvanguardias del siglo XX, que remiten a coyunturas como la actual COVID 19, el desencanto o la fuerza motivacional que adquieren los sitios regionales tras romper sus propios límites geográficos y utilizar los espacios cibernéticos y virtuales como herramientas positivas. Aunque no con la mejor madurez y calidad literaria, textos cargados de esperanza como los de Alexis Fallas Blanco, y que, por ende, construyen espacios costeños llenos de armonía, hasta poemas en donde se lee, en su máximo sentido, el dolor y la duda por la existencia humana, tal cual es el caso de Luis Gabriel Ortega Cruz, quien utiliza, desde su propia intimidad, sin denotar un contacto claro o directo con otras obras literarias, sino sus emociones, una de las mayores constantes temáticas de personas que inician su camino en el quehacer literario costarricense (no sólo jóvenes, inicio a cualquier edad).

También, el público lector encontrará textos con referencia a la naturaleza (ecopoesía), a la reivindicación de género, al enfrentamiento autobiográfico frente a la ficción, poesía intimista, transitoria, erótica y amatoria, mitológica, poesía bíblica contemporánea, conversacional, poesía popular, de los pueblos, de la cotidianidad, irónica, irracional, y, por supuesto, lúdica, porque, muchos de los antologados, aunque no en un

---

[71]   Se hace la aclaración porque, aunque es la versión de Debravo más sobresaliente en los espacios académicos, no es la única.

grado supremo, saben jugar, como poetas posmodernos[72], con las palabras, como si magos fueran, tal es el caso de Marco Antonio D' Sandra.

En fin, la idea de diversidad y heterogeneidad dialógica siempre fueron clave filológica para escoger el corpus poético de este libro. Por eso, la lista de autores abre con Ricardo Segura Amador, Anaís Villalobos Kong, Herbert Contreras Vásquez y Ruth Bermúdez Cambronero, cuatro de los exmarineros del capitán Francisco Zúñiga Díaz y cierra con Marjorie Jiménez Castro, quien trajo a Chico, por primera vez, a la provincia donde las olas del mar se mueven en verso y su arena sigue presentando transformaciones.

4. Criterio de igualdad de género:

Tras tener clara evidencia y una amplia bibliografía que demuestra la invisibilización de género en la historia literaria costarricense, la inclusión de mujeres en este libro siempre se consideró un importante criterio de selección. No obstante, también generó fuertes tensiones metodológicas, porque, si bien es cierto que en el Colectivo Poético Costeño existen escritoras, menos que escritores, no todas contaban con la calidad poética para adaptarse a las bases establecidas.

Sin embargo, se lograron rescatar las creaciones literarias de cuatro integrantes, lo cual, según parece,

---

[72] Respecto a las diferencias entre poetas modernos y posmodernos se recomiendan Guichard (2021) y De la Riva Fort (2016), en su respectivo orden: maestro y alumno.

representa una labor relevante y distinta a lo mayormente conocido (salvo excepciones del siglo XX como la antología *Otras lunas. Presencia femenina en las letras de Guanacaste* (1892-1996) publicada en 1996 por Miguel Fajardo Korea). Estas mujeres son Ruth Bermúdez Cambronero, Aderith Porras Castillo[73], Marjorie Jiménez Castro y Anaís Villalobos Kong.

De las cuatro, sin lugar a dudas, Aderith Porras, Marjorie Jiménez y Anaís Villalobos son quienes mayor fluidez demuestran en su poesía. Ellas poseen voces mayormente comprometidas. En el caso de la primera, con una tendencia a un grado alto de conciencia respecto a temas de género, capacidad de mirar hacia un pasado que se contrasta con su presente (su abuela del siglo XX, frente a un yo lírico adulto, en pleno siglo XXI) y poesía amatoria (aspecto con el cual, a lo largo de su producción literaria es constante); la segunda, también muestra compromiso con la reivindicación de género y además destaca su habilidad de imaginación y creatividad a la hora de construir imágenes, muchas de ellas simbólicas, su carga de intimismo y materia existencial y zoológica en sus poemas y la tercera, con un fuerte lirismo cargado, mayormente, de símbolos femeninos como el agua y el mar (aspecto que vincula su poesía a la provincia de Puntarenas), lo cual le otorga, sin caer en egolatrías, pues salvo en el poema "Lago" de contenido final erótico, hay una lejanía del "yo", una carga muy profunda, casi mística, a sus textos.

---

[73] Aunque no se seleccionaron para ser parte de este libro, se recomiendan sus dos poemas publicados en la sección de poesía puntarenense de la revista *Kametsa* en Perú: https://revistakametsa.wordpress.com/2021/05/12/muestra-de-poesia-puntarenense-aderith-porras-castillo-n-1971/

Respecto a la cuarta de ellas, Bermúdez, aunque revele en sus producciones (en su totalidad) falta de rigor literario, lo que condujo a depurar textos ya publicados, se consideró de interés para este libro, porque, aparte de ser una exalumna de Francisco Zúñiga Díaz, permite observar, en Puntarenas, la presencia de autores que mantienen un fuerte tradicionalismo estético y estilístico, prevalencia del folclor sin una clara propuesta de fondo y falta de autocorrección frente a temáticas y proyecciones estéticas más maduras[74]. Esta autora, con sus respectivas limitaciones y a pesar de haberle brindado sugerencias de corrección textual y literaria, suele dar voz a sectores de su provincia — por no decir que esto es lo único que define la literatura regional, pues esta categoría no sólo debe delimitarse al objeto poético desde lo interno y lo comunitario — y dialoga con los espacios más bellos de Puntarenas y su mar (como lugar de terapia), asociándolos con el pasado, agregando tonos nostálgicos y a veces amatorios —.

---

[74] En Puntarenas existe una fuerte tradición popular. Esto se aúna, también, a su ubicación geográfica, pues al ser una zona costera, perviven muchísimas leyendas alrededor del mar, mismas que se reproducen por medio de coplas, rimas o canciones. También, se cuenta con muchas personas sin mínima formación literaria, asunto que repercute negativamente en sus textos.

REFERENCIAS BIBLIOGRÁFICAS

Araya, C. M. (25 de noviembre de 1920). "El verano. " *El viajero.* Año II (327), p. 4.

—— (13 de septiembre de 1920). "Música horrible". *El viajero.* Año II (310), p. 2.

—— (21 de octubre de 1920). "Puntarenas". *El viajero.* Año II (319), p. 3.

Araya, S., y Zavala, M. (2002). *Literaturas indígenas de Centroamérica.* EUNA.

Arroyo Carvajal, Y. (08 de junio de 2023). "Lisímaco Chavarría y Puntarenas: tradición poética y sus rupturas". *Biblioteca Nacional de Costa Rica.* https://www.facebook.com/bibliotecanacional.mc j.cr/videos/221357517427000

—— (27 de mayo de 2021). Lisímaco Chavarría Palma: ¿El poema más antiguo dedicado a Puntarenas? ¿Poesía puntarenense? *Revista Kametsa.* https://revistakametsa.wordpress.com/2021/05/2 7/lisimaco-chavarria-palma-el-poema-mas-antiguo-dedicado-a-puntarenas-poesia-puntarenense/

—— (12 de mayo de 2021). Muestra de poesía puntarenense: Aderith Porras Castillo (n. 1971). *Revista Kametsa.* https://revistakametsa.wordpress.com/2021/05/1 2/muestra-de-poesia-puntarenense-aderith-porras-castillo-n-1971/

—— (5 de mayo de 2021). Muestra de poesía puntarenense: Una perla ignorada en la memoria «vallecentralista». *Revista Kametsa.*

https://revistakametsa.wordpress.com/2021/03/0 5/muestra-de-poesia-puntarenense-una-perla-ignorada-en-la-memoria-vallecentralista/

Calsamiglia, E. (14 de julio de 1907). "En Puntarenas". *El fígaro*. Año I (27), p. 4 y p. 6.

Castro Carvajal, H. (2022). *Francisco Zúñiga Díaz: maestro de escritores*. Imprenta Lara Segura.

Chavarría, L. (06 de agosto de 1910). "Himno a Puntarenas". *El Pacífico*. Año XV (1821), p. 1.

— (04 de junio de 1904). "En Puntarenas". *El centinela*. Año II (317), p. 2.

Colectiva Jícaras. (Comps.). (2020) *Atemporal. Antología literaria de mujeres*. S. ed.

Colectivo Cultural Birlocha. (30 de noviembre de 2020). "Presentación de Minor Herrera Valenciano". [Página de Facebook]. https://www.facebook.com/colectivoculturalbirlo cha/photos/a.841444132560468/36791803487868 18/?type=3

Corrales Arias, A. (2019). La literatura de la Región Norte Costarricense. Un caso paradigmático: Francisco Rodríguez-Barrientos. Temas de nuestra América, 35 (66), 11-23. https://doi.org/10.15359/tdna.35-66.1

— (2015). Narrativas regionales de Costa Rica:

¿una ficción?. *Herencia, 28* (2), 43-48. https://revistas.ucr.ac.cr/index.php/herencia/artic le/view/24730/24946

De la Riva Fort, J. A. (2016). *Género literario y reescrituras contemporáneas de la épica homérica*. [Tesis para optar por el título de Doctor en Lenguajes y Manifestaciones Artísticas y Literarias]. Universidad Autónoma de Madrid. t.ly/BGEI

González Vásquez, N. (18 de octubre de 2022). Universalidad y regionalismo en la producción artística. *Semanario Universidad.* https://semanariouniversidad.com/opinion/unive rsalidad-y-regionalismo-en-la-produccion-artistica/

Guichard Romero, L. A. (2021). "Dos lecturas posmodernas de los clásicos: Délficas de Ángel Crespo y Diálogo con Ovidio de Gonzalo Rojas". En J. A. González Iglesias, J. Méndez Dozuna y B. M. Prósper (eds.). *Curiositas Nihil Recusat. Studia Isabel Moreno Ferrero Dicata.* (pp. 209-226). Ediciones Universidad de Salamanca.

Huertas Arredondo, K. (24 de mayo de 2023). ¿Nuevos horizontes críticos en la investigación literaria? El caso de las literaturas regionales en Costa Rica. *Semanario Universidad.* https://semanariouniversidad.com/opinion/nuevos -horizontes-criticos-en-la-investigacion-literaria-el-caso-de-las-literaturas-regionales-en-costa-rica/

— (25 de mayo de 2021). Literatura regional costarricense: un acercamiento contrahegemónico. *Semanario Universidad.* https://semanariouniversidad.com/opinion/literatu ra-regional-costarricense-un-acercamiento-contrahegemonico/

Manzanarez Juárez, E y Toruño Soto, G. (Comps.). (2019). *Antología poética puntarenense. Letras de Arena. Palabras de nuestra gente (1990-2019).* [Pról. Y. Arroyo Carvajal]. Atabal.

Monge, C. F. (Comp.). (2014). *El poema en prosa en Costa Rica (1893-2011)*. Editorial Costa Rica.

Rodríguez Gaona. M. (2023). *Contra los influencers. Corporativización tecnológica y modernización fallida (o sobre el futuro de la ciudad letrada)*. Pre-textos.

Sistema Nacional de Bibliotecas de Costa Rica (SINABI). *Biblioteca Digital. Puntarenas.* [Página web]. https://sinabi.go.cr/biblioteca%20digital/fonoteca/puntarenas/index.aspx

Zavala, M. (antologadora). (2011). *Con Mano de Mujer. Antología de poetas centroamericanas contemporáneas* (1970-2008). Editorial Interartes.

Zúñiga Díaz, F. (1980). *Geografía sencilla*. Editorial Costa Rica.

CORPUS POÉTICO

¿Qué sería la juventud sin el mar?

LORD BYRON

Miles de personas han sobrevivido
sin amor; ninguna sin agua

WYSTAN HUGH AUDEN

El editor de este libro, Yordan Arroyo Carvajal, les solicitó a las personas seleccionadas crear biografías creativas en donde tuviera principal presencia la provincia de Puntarenas.

Ricardo Segura Amador

Ricardo Segura Amador nace a 50 metros de la playa de Puntarenas en el Hospital San Rafael el segundo día de setiembre del año 1965, a plena noche y en pleno invierno; seguramente por esto es amante del mar y sus tormentas, pero también de las estrellas remachadas en el fondo oscuro del cielo cuando llega el verano y la brisa acaricia las altas palmeras. De esas vibraciones misteriosas nace su poesía, nace toda poesía. Ganó algunos premios de poesía, anduvo un poco errante en su juventud (como perdido algunos años en la capital), pero ya hace muchos años se estableció de nuevo en su amada tierra salobre. Ahora es un funcionario universitario, un hombre dedicado a la familia y al misterio, un lector perseverante y un aprendiz de todos los momentos de esta vida implacablemente hermosa.

EL MAR NO EXISTE

Oh Señor de señores!
¡Oh refugio de los mundos!
Por favor sé benigno conmigo.
Yo no puedo mantener mi equilibrio
al ver así Tus llameantes rostros
que parecen ser la muerte misma,
y al ver Tus pavorosos dientes.
Estoy confundido y no sé dónde estoy.

BHAGAVAD-GITA

I

Quiero creer que el mar no existe.
Que la muerte es un juego disparatado.
Que el dolor es un jilguero diminuto y frágil.
Que el tiempo es una vasta vendimia del corazón.

Quiero pensar en los amaneceres naranja.
Quiero soñar montado en caballos alados
    rodeados de libélulas.
Que pensar no es una trampa, que deducir no es
    un síntoma
de no sé qué enfermedad veleidosa.

Quisiera subir a las pirámides, acostarme en la
    Esfinge
y ver el cielo bendito, azul de Picasso o de
    Chagall.

Y ser ahí un sutil intérprete del clavicémbalo, un
    prodigio del arpa,
un superdotado del *sittar*, o un avatar dolido del
    pianoforte.

Me angustia esta serenidad del silencio,
esta voluptuosidad del vacío.
Arriba giran las estrellas como tiovivos,
parece que Ptolomeo estaba en lo cierto.

Quisiera ser la triste retribución de un enigma.
El claro marco de mi propia pintura.
La bestia que deambula en las nieves de los
    Cárpatos.
El marinero que avizora el *iceberg* de la angustia.

II

Se hielan los párpados con el rocío del mar que no
    existe.
La muerte juega seriamente a vivir.
Los jilgueros salen en desbandada hacia el sol.
En el vino late la cosecha del tiempo.

La vida se iza hacia la Luz en los amaneceres
    naranja.

Las almas transmigran como libélulas que siguen
a los Carontes alados, sobre la laguna Estigia.
Pensar es hermoso, deducir es siniestro.

En la cima de la Pirámide se avistan los Himalayas
del Cosmos.
Los músicos danzan al son de sinfonías cuánticas.

Pero el silencio reina en los imperios del Nirvana,
cuando el Universo se enfríe al final de todas las
entropías.

Ya no girarán las estrellas, ya reinará el Vacío sin
fin.
Seremos el enigma, el espejo que se mira, la
pintura de sí.
La Bestia que deambulará hasta el final de los
eones
en los fríos perpetuos del espaciotiempo.

Los marinos navegarán para romper el *Iceberg* de la
angustia
mientras los Músicos tocan verticalmente
y los seres caen como migajas del Titanic, ya sin
ahogarse,
porque el Mar no existe.

EL REINO DE ESTE MUNDO

Melior est im via, amor Dei quam Dei cognitio.
(En esta vida, es mejor amar a Dios que conocerlo).

SANTO TOMÁS DE AQUINO

I.   Padre Nuestro

Pater Noster,
que estás en el suelo sagrado,
sanctificetur seas pandemia,
venga a nosotros la oscura seducción
de la muerte;
hágase la Voluntad,
la dialéctica del *caelo* y de la *terra*.

Panem nostrum cotidianum da nobis hodie,
quita el hambre de los encerrados y atados de
        manos
que no pueden ganarse el sustento.
Perdona nuestras deudas
sicut et no dimittimus debitoribus nostris.
No nos dejes caer en la tentación de salir a la luz
para que sigamos permaneciendo en las
        sombras...
Sed libera nos a malo.
Así sea.
(Amén).

II.   Agnus Dei

Cordero de Dios, *qui tollis peccata mundi*,
ten piedad de nosotros.

Agnus Dei, que quitas el pecado del mundo,
ten saciedad con nosotros.

Cordero de Dios, *qui tollis peccata mundi*,
danos la paz, al fin,
como un río que arrastre los sinsabores del Caos.

Agnus Dei, que quitas el sufrimiento del mundo,
danos dignidad a nosotros,
miserere nobis.

Exaudi nos, Domine,
oye los gritos que ascienden de las casas selladas,
de las bocas selladas,
de las dudas selladas.
Corderos o lobos ?
Danos la paz.
Domine.

LOS CUATRO JINETES
DEL APOCALIPSIS

1 Y vi en la mano derecha del que estaba sentado sobre
el trono un libro
escrito de dentro y de fuera, sellado con siete sellos.
2 Y vi un fuerte ángel predicando en alta voz: ¿Quién es
digno de abrir el libro, y de desatar sus sellos?
3 Y ninguno podía, ni en el cielo, ni en la tierra, ni debajo de
la tierra, abrir el libro, ni mirarlo.
4 Y yo lloraba mucho, porque no había sido hallado ninguno
digno de abrir el libro, ni de leerlo, ni de mirarlo.
5 Y uno de los ancianos me dice: No llores: he aquí el león de
la tribu de Judá, la raíz de David,
que ha vencido para abrir el libro, y desatar sus siete sellos.

Libro de Apocalipsis, Cap. 5, vs.1-5.

I.   Caballo blanco (La esperanza)

1 Y miré cuando el Cordero abrió uno de los sellos,
y oí á uno
los cuatro animales diciendo como con una voz de trueno:
Ven y ve.
2 Y miré, y he aquí un caballo blanco: y el que estaba
sentado encima de Él,
tenía un arco; y le fué dada una corona, y salió victorioso,
para que también venciese.

Libro de Apocalipsis, Cap. 6, vs. 1-2

El jinete cabalga sobre las nubes presidiendo la
　　victoria
o la gloria de los Cielos sobre la Tierra,
la batalla del Espíritu ha sido ganada
y la materia yace a sus pies esperando las líneas de
　　fuerza
que proveerán las nuevas formas,
un Himno se eleva desde las estrellas,
cataratas de luz caen desde océanos de nebulosas,
el caballo altivo resopla y sus crines son como
　　galaxias,
su cola es la de un cometa de nieves eternas,
el jinete es el cordero inmolado y su frente mira
hacia el último resplandor del Universo,
su mirada abarca eones completos y se hunde
en los abismos donde sólo llegan arcángeles...

II. Caballo rojo (La guerra)

3 Y cuando Él abrió el segundo sello, oí al segundo animal,
que decía: Ven y ve.
4 Y salió otro caballo bermejo: y al que estaba sentado sobre
Él,
fue dado poder de quitar la paz de la tierra, y que se maten
unos á otros: y fuéle dada una grande espada.

Libro de Apocalipsis, Cap. 6, v.4

Un heraldo violento cabalga envuelto en llamas
con la mirada fija en su presa, su proclama es la
destrucción
sin condescendencia, el sistema de cosas será
arrasado,
el fuego purificante que unifica en cenizas las
iniquidades revueltas,
espada contra espada, puño contra puño, sangre
contra sangre
a galope tendido, los despojos entre las patas del
caballo sangriento,
los ojos en furia, los músculos en crispación y
desdoblamiento,
a su paso los truenos y los rayos allanan el camino
y caen árboles y pueblos, bosques enteros se
abrazan en el suelo ya negro,
toda belleza deberá ser asolada, las ruinas se
reproducen como víboras,

la discordia atraviesa la faz de la Tierra, los
humanos yacen tendidos en los suelos que
        calcinan, el agua arrastra la inmundicia hacia
        los mares tenebrosos…

III.   Caballo negro (La miseria)

5 Y cuando Él abrió el tercer sello, oí al tercer animal, que decía:
Ven y ve. Y miré, y he aquí un caballo negro: y el que estaba
sentado encima de Él, tenía un peso en su mano.
6 Y oí una voz en medio de los cuatro animales, que decía: Dos li-
bras de trigo por un denario,
y seis libras de cebada por un
denario: y no hagas daño al vino ni al aceite.

Libro de Apocalipsis, Cap. 6, vs.5-6

Contorneándose contra el fondo de la noche el
    brillo de su piel los perfila,
un costado de músculos de piedra y en el otro el
    pellejo pegado a los huesos,
el corcel negro y el jinete negro dibujan el límite
    del dolor,
cabalgan en un círculo más allá del cual está la
    Nada,
adentro la enfermedad y el hambre conviven con
    masas desesperadas,
y el vino y los aceites se reparten entre unos pocos
    individuos,
aquí cabalga la injusticia con su balanza inclinada,
el jinete con sus botas y capa y guantes negros
    relucientes en un costado
y el traje raído en el otro costado, el rostro lozano
    y la mejilla enjuta,

caballo y jinete cruzan los ríos entre cadáveres y
    troncos, se elevan
entre nubarrones grises y descienden cosechando
    sólo sombras en los campos
mientras los palacios intactos exhiben sus
    magnificencias
y los hombres poderosos ríen y se degradan en las
    porquerizas del lujo…

IV.   Caballo amarillo (La muerte)

7 Y cuando Él abrió el cuarto sello, oí la voz del cuarto ani-
mal, que decía: Ven y ve.
8 Y miré, y he aquí un caballo amarillo: y el que estaba sen-
tado sobre Él
tenía por nombre Muerte; y el infierno le seguía: y le fué dada
potestad sobre la cuarta parte
de la tierra, para matar con espada, con hambre, con mortan-
dad, y con las bestias de la tierra.

Libro de Apocalipsis, Cap. 6, vs.7-8

En caballo amarillo viaja la Muerte, con guirnaldas
encebadas, racimos embadurnados de cera de
abejas
y miel para las libaciones de las calaveras,
para atraer insectos, mariposas o almas,
más allá del círculo cruzan los fantasmas hacia la
Nada,
se desata el olor a inciensos, los esqueletos visten
túnicas naranjas, amarillas o rojas, cada uno con su
Libro de la Vida,
amarrados por miles en fila, el caballo amarillo y
los ayudantes del Hades
arrastran los restos de los hombres hacia las
columnas del Limbo,
después del ataque de las fieras en todos los
puntos cardinales,
esperando el Juicio Final y la apertura de los tres
últimos sellos...

Anaís Villalobos Kong

Anaís Villalobos Kong nació un 17 de octubre de 1960 en San José, Costa Rica. Ella es un octubre que lleva el mar en las venas, un mar y un pueblo que se adueñaron del palpitar de su corazón. Es una sonrisa que se alimenta del rocío quieto y sencillo. Se ha dedicado a perseguir incasablemente estrellas para aplacar la oscuridad de muchas almas enclaustradas en la soledad de la indiferencia. Por ello se le ha visto, en diferentes caminos, lanzando mil voces y consignas escritas sobre rocas de acantilados con los ideales de una sociedad más justa y digna.

ETERNIDAD Y TINIEBLAS

Ladera abajo fragua la vida sus andares
de notas altas y bajas,
de lluvia y murmullos de la noche, sobre atalayas.
En sus alturas, se desgarra absorto
el manantial, cuando acaricia la roca
y al correr en busca de océanos:
horizontes sin final...
Réplica de eternidad y tinieblas;
lenguajes del mar se deslizan cuesta abajo;
códigos de estrellas escalan cuesta arriba
... entre brumas
... sobre montes innumerables.

ATARDECER SOLITARIO

Cuando la Luna enciende las pupilas
de sombras anónimas y monumentos se tienden
a ras de los suelos, nace en alguna mirada
la estrella sobre los lagos.
Reverbera el ocaso, insalvable,
buscando veredas, al fundirse con rocas y arena,
hasta morir esparciéndose en mil espirales
de quieta peregrinación y paisajes cortados.
Espacio enardecido y profundo
donde los recuerdos resbalan del pasado,
escribiendo el destino, entre mudos remos
y brazos estremecidos de pescadores solitarios.

LAGO

Envuelves una ausencia
doliente y profunda.

En tus silenciosas aguas
he aprendido a ser barca solitaria,
taciturna y triste,
sin puerto donde descansar,
sin arenas donde encallar…

…preferiría ser náufrago
para hundirme en ti.
Un atardecer,
para abrazarte y envolverte.

Entre tus mansas ondas
he aprendido a navegar,
acariciando las nubes extendidas
sobre tu manto inmenso,
distorsionadas por el desconsuelo
que recorre a diario mis mejillas,
convertido en hilos salobres…

…desearía ser lluvia
para fundir nuestras aguas,
quizás un rocío mañanero
y caer gota a gota sobre ti.

Herbert Contreras Vásquez

Herbert Enrique Contreras Vásquez es su nombre de pila y HECO su seudónimo. Vino a este mundo a las 5: 30 horas, un jueves de obscura mañana, el 11 de agosto de 1955, en la ciudad de Puntarenas del Litoral Pacífico Costarricense. Aunque para bautizarlo no le pidieron permiso, ese día lo bendijeron con un nombre cósmico que significa Guerrero Vencedor (Herbert) Dueño de sí Mismo (Enrique). Pasaron dos tercios de su vida para comprender su sentido y significado. Las lecturas tempranas y compulsivas lo llevaron a construir su propio pensamiento y de ahí a la escritura es un paso inevitable. Dicen las malas lenguas que es poeta, pero de las calumnias no nos libramos nunca. Actualmente vive jubilado mirando al mar en ese Paraíso llamado Puntarenas. Es divergente, radical, psinauta y diletante de la palabra.

REGOCIJO DEL SER

A mi madre Silvestre, por el milagro de la vida.
Puntarenas 15/VIII/2020

Carpe diem quam minimum credula postero.

QUINTO HORACIO FLACO

Desde el Big Bang,
llegué a la vida en momento exacto.

Después de eones
de vagar en la Nada.

Engendrado con cenizas de estrellas
y el soplo del Espíritu.

El Cosmos me había reservado
esa mañana irrepetible.

Con la claridad del alba,
vi la luz entrar por mis ojos.

Con mi primer llanto,
anuncié mi advenimiento.

Cabalgando el lomo del Destino,
hice aparición en un punto azul
de algún rincón del Universo.

Me erguí titubeante
para caminar mi propia ruta.

Caí y me levanté
al menos diez mil veces.

Observé, interiorice y aprendí
para seguir adelante.

Marché por la rutina
de horas interminables.

Acompañado de sombras
y legiones de durmientes.

Que pronto serán polvo
arrastrado por el viento.

He pernoctado con la soledad
y explorado el silencio.

Nací para abrazar,
besar y para soñar.

He sentido dolor,
sed y enfermedad.

Estoy aquí para escuchar, conversar,
pensar, imaginar y esperar.

Atendí por igual al llamado superior
como el instinto animal.

Nací para escribir y dar testimonio
de mis días y de nuestro tiempo.

He contemplado los abismos,
el misterio y las maravillas del Orbe.

Regocijado de la vida,
he comido de sus frutos
y bebido de sus placeres.

He despreciado
y he sido ignorado,
incluso ahora mismo.

He amado
y he sido amado.

He ofendido
y he sido agraviado.

Como todo hombre,
me he equivocado y he rectificado.

He sido multitudes,
sin poder ser quien soy.

También he disfrutado de
plena libertad y realización.

Llegará el día en que no pueda
asomarme a través de mis pupilas.

No habrá más lunas de noches profundas,
con un lobo aullando en mis entrañas.

Ni veré los relámpagos
iluminando el sombrío
y lejano horizonte.

Nunca más mi sangre
me golpeará las venas.

Por las injusticias
nuestras de cada día.

O ante el contacto de la piel desnuda
y el aroma de mi amada.

Tampoco disfrutaré su cascada
de orgasmos y gemidos.

No volveré a leer *El Canto del Señor*
ni los aforismos de Lao Tsé.

Los libros de Gurdjieff,
Bucky Fuller y de Hesse,
serán objetos del olvido.

Ninguna taza de café
acompañará mis tardes
dialogando con Whitman,
Debravo, Rilke o Vallejos.

No visitaré más la Caverna de Platón,
donde llegaba un tal Señor Godot.

No habrá otra jarra de cerveza
para mis soliloquios nocturnos.

Y mucho menos una cena compartida
con miradas y dos copas de vino.

He visto la oscuridad del ser
y el esplendor del Absoluto.

Y en medio de ellos,
los destellos de la demencia.

En el ocaso postrero
daré mi último aliento
para cruzar la gran ola
hacia la Realidad Última.
La burbuja de mi esencia,
extinguirá sus reflejos tornasolados
diluida en el Océano del Amor...

Puntarenas, Costa Rica / 2020 - 2022

JURAMENTO

*"Todas las desgracias de los hombres
provienen de no hablar claro."*

A ALBERT CAMUS

Ante el Cosmos,
en acto solemne,
me reconozco animal humano
pleno de contradicciones y majaderías
como las demás criaturas bípedas

ante El Planeta me confieso irreverente,
con el puño cerrado contra las injusticias,
diciendo NO a lo que limite mis sueños
o las aspiraciones de las mayorías

ante lo Ignoto,
por las cenizas de mis ancestros
y especialmente ante mi madre

por la gente y
por quienes no son tratados como gente

por quienes se fueron,
por quienes estando aquí,
permanecen ausentes

por todos y por nadie,
por quienes aborrecen sin saber porqué
por los que no se aman a sí mismos,

por los que aman lo que no deberían amar
por esto y por aquello,
en este acto solemne

me declaro engendro humano,
y para no decir más sandeces

bajo sublime juramento,
ante mi hermano el árbol,
ante el perro sin abolengo

ante un despojo en medio de cartones
homínido o cuadrúpedo ¿qué más da?
ante el agua,
ante el fuego,
ante el viento,
ante la tierra

ante la miseria y
ante la asquerosa opulencia

ante el dolor,
ante el regocijo
ante uno mismo,

ante la soledad,
ante todos

JURO

no ser constructor
en la edificación de esta
Casa de Lunáticos.

ABYA YALA

I.

Tierra Prometida
violada por invasores
no fue descubierta
fue martirizada
paraíso prístino
sembrado de cruces
y hogueras malditas
tierra de mis ancestros
hombres libres como
Tatanka Yotanka
que cuidaban la pradera
o Pabru Presbere
inmerso el río salobre
y el bosque profundo
incendiado de papagayos
tierra sagrada de la Yacumama
donde el jaguar Namá y la luna
danzaron melodías cósmicas

bajo la mirada de Quetzalcohuātl
campos de maíz y cacao
tierra de oro y arcilla
bautizada con sangre

II.

¡Oh!
Pacha Mama
espejo humeante
hermoso continente
la magia del tiempo
te devolverá mañana
los pasos de tus hijos
orgullosos de su Cosmogonía
y del amor incondicional
por la creación de Sibü.

Ruth Bermúdez Cambronero

Ruth Bermúdez Cambronero nació en la tierra de las frutas, Orotina, un 28 de junio de 1957. A los cuatro años y medio pasó el tren, durante el viaje la acompañaban su hermana mayor y su esposo. La inocencia, la fantasía y las ilusiones de sembrar un mar de olas llegaron a Puntarenas. Vivía a 50 metros del mar. Con el transcurrir de los años fue amando los versos de la *Alborada*, libro de escuela con el que aprendió a recitar en la Perla del Pacífico. Hoy, durante la vejez, se deslumbra de poesía y libros, mientras el mar sigue llenando sus inquietudes y conocimientos de cantos en la entrada de tierra del litoral Pacífico.

PUNTARENAS[75]

¿De dónde nacieron tus perlas,
anclas, navíos, muelles, mares,
tu manto celeste de escarcha?

¿Cuántos siglos han pasado
por tus manos de langosta
y tus piernas de arrecifes?

¿Cuántas veces ha danzado el atardecer
en tu pista de cangrejos y manglares?

¿Hace cuánto que tus espumas
broncean la piel de estas playas,
de sus mujeres y sus pescadores?

Tierra de oleajes y sueños
donde el altar de la mañana
refresca tu celaje y tu esplendor.
Tierra querida,
donde mis dolores ya son letras.
Hoy quiero que me devuelvas a tu vientre,

---

[75] Este poema es una versión corregida del poema, mismo título,
que aparece en *Antología Poética Puntarenense. Letras de Arena. Palabras de
Nuestra Gente* (2019, p. 40).

que acaricies mi cabello con el tuyo,
que el verbo se vuelva verbo,
el sol se vuelve luna,
el mar se vuelve mar
y yo me vuelva espuma.

EL ANCIANO[76]

Su piel cansada, llena de oleajes
y sus manos temblorosas
buscan la soledad
de su lancha en el llano.

Sus primeras letras,
sus juegos,
su sonrisa sin dientes
su físico de gladiador
se los robó el mar.

Serenatas para las palangreras,
ladridos de peces
con cabeza de perro
y recuerdos
que ya sólo quedan
como atunes
debajo de la marea.

El anciano tiene una playa
bajando por sus mejillas,

---

[76]   Este poema es una versión corregida del poema, mismo título, que aparece en *Antología Poética Puntarenense. Letras de Arena. Palabras de Nuestra Gente* (2019, p. 37).

ya no tiene melena
ni ganas de nadar,
sólo le queda el recuerdo
del sol en su ventana,
pero la luna ya viene
y la luz se nos va.

GRABADOS EN LA ARENA[77]

Durante la brevedad de la tarde
recorrí más de un riachuelo
con mis pies húmedos por la arena.
La luz se empezaba a debilitar
ya se veía venir el ocaso
y mientras,
yo aprovechaba el sol naranja
para trazar figuras en el polvo
y de repente ver mi rostro
descansando entre las olas.
Era perfecto, cual néctar,
mi alma dormía
entre los abrazos
de aquella tarde
que clavaba su luz en mis pies.
Hoy recorro aquellas mismas riberas
y recuerdo aquella adolescente que fui
cuyo rostro de arena
se lo fueron llevando las olas
y trayendo consigo
botellas, papeles y ausencias.

---

[77]   Este poema es una versión corregida del poema, mismo título,
que aparece en *Antología Poética Puntarenense. Letras de Arena. Palabras de
Nuestra Gente* (2019, p. 37).

Alexis Fallas Blanco

Alexis Fallas Blanco nació un 4 de octubre de 1961 en Playa Tambor, Península de Nicoya, justo en donde el río Pánica se abraza con el mar, a las 3 y 45 de la madrugada, mientras un gran aguacero provocó que San Francisco, de un solo cordonazo, rompiera la fu ente salobre y lo declarara, inmediatamente, hijo del Mar, y por ende, animal marino. Creció en los arrecifes, junto a las morenas, mudando por etapas, de olomina a congrio y de anguila a humano. Vivió en aguas frías, nadando en aguas termales, recorriendo continentes bajo el lienzo verde azul de sus aguas.Después de muchas tormentas y chubascos decide varar en la ciudad de Puntarenas, desde donde retoma su afición por las letras. Allí, le escribe al mar (su progenitor), a la ciudad, al campo, al amor, al desamparo, a la soledad y a lo social.

A NIVEL[78] DEL MAR DE QUEPOS

El café se enfría
sobre la ausencia
de cada amanecer.

Las horas pasan
sin ser detectadas,
el tiempo pierde
su conducción.

Sigue estático
en el último peldaño,
busca su norte
sin ton ni son.

El amor cree en el desamor,
espera (entre guiones)
luces y aplausos.

La nave sigue anclada
justo frente al mogote,
mira olas ya cansadas
formando corazones.

---

[78] Aunque "a nivel", en el sentido estricto de la lengua española sea un anglicismo, se permite, para este caso, porque es una expresión muy usual en el español de Costa Rica. [Nota de Yordan Arroyo Carvajal].

Las luciérnagas han recuperado
su fosforescencia,
sorprendren a Nahomi
en plena luna llena.

Serenatas de piedras
arrastra la corriente,
despiertan amantes
que navegan en su intimidad
a nivel del mar de Quepos...

Se estrujan comejenes
que carcomen pensamientos,
ausentes de perfumes
y besos de madrugada.

La busca en el desván
de su alma
y en cada anochecer
que se escapa de sus sueños.

Mas, ella se ha ido;
dejó huellas sin firmar,
no hubo miradas
ni siquiera un adiós.

El puerto está angustiado
su mejor vela se fue
(arrastrada por los vientos)
hacia un nuevo destino.

MI TIERRA VIVE

Estuve en Puntarenas antes del tsunami,
enterré un poema, creció un árbol,
será una Ciudad diferente a San José
sus árboles tendrán pies y manos.

En los estribillos
suena el fuego de las historias
y los navegantes gritan al son
de la brisa en popa.

El tsunami se llevó todo
menos a los neoliberales.

Las memorias de nuestros ancianos
se clavan en nuestras memorias.
Las arrugas de los Robles
cerraron sus libros
de historias y mitos.

Los pescadores murieron de desigualdad
sus brazos fueron cortados por leyes,
emulando las sierras que cortan las ramas
del derecho al berreo
la libertad y el trabajo.

Los árboles aún sostienen
sus raíces ancladas a los corales.

Ellos cuentan la historia de un tsunami
que arrasó con el ferrocarril
donde desplazaban nuestra identidad.

Ya no se escucha el *tacatac-tacatac*
surcando las arterias de mi bella Chola
ni los gritos de familias de familias
vendiendo golosinas, marañones y grosellas.

El pollo achotado hibernó en la nevera
junto a los huevos duros y los enyucados.
Ya no se escucha la algarabía
de los niños en las esquinas.

Colocan chapas en las paralelas
ante los pitidos de la Apolo 16
al mando de Cachetes y su bamboleo,
pasando por la ley de la grada.

También, ahogó el grito de los "llevo-llevo"
chacalines maleteros de la estación
un edificio histórico, demolido por la codicia...

Ya la carga no viaja en trenes
la raptaron transportistas
en espaldas de Mackones,

con cuello de botella
en las diez y ocho morenas.

El Palmar no menos dañino
está acabando con los manglares
y la mayoría de organismos.

Eliminó crustáceos, moluscos
aves, reptiles y anfibios.
Todo lo que tenía
se convirtió en dólares.

Se fue toda la ribera,
abandonaron mi tierra.

Hubo una tromba marina
arrasó con el atún
de aguas territoriales,
lo llevó a otros países
de precios exorbitantes.

Asfixió a nuestros pescadores
necesitados de algunos colones.

Ya no se ven camaroneros
con sus redes extendidas
arriesgando sus vidas en la playa.

Ni los acróbatas Pelicanos
tijeretas y Gaviotas,
detrás de las repelas.

No se sabe adónde habrán volado,
mientras los barcos se ahogan
atados al estero.

Ya no hay tertulias de capitanes,
tampoco de marineros
en los bares o refuegos,
la mayoría salieron
con último zarpe
a un viaje sin regreso.

Ahí estaban los Lostalos,
los Gutiérrez y los culo e carro,
pacho galán y los petróleos,
unos pescan en aguas celestiales,
otros en el corredor de casas,
a bordo de mecedoras.

Aquel árbol que sembré
ya floreció,
ha esparcido sus semillas
en arenales y lomas.

De él brotan nuevos artistas
que maquillan la Ciudad
con colores contemporáneos
e infinitos atardeceres
música y nuevo amores

Mi Ciudad está cambiando,
luce joven y moderna.

Parece que descansa
boca abajo sobre la arena.

Está protegiendo el nacimiento
de las nuevas arboledas.

LA NOVIA DEL SOL

Yo tengo una ciudad
o una ciudad me tiene atado a un hilo.
Ella se despierta primero,
cada día acomoda mercados y parques.
Bosqueja vidas, hace caminitos de migas,
pero yo tengo que poner el resto.
Deambulo pedaleando en sus venas,
cada segundo en el reloj
es un vaivén de vibraciones.

Copulan los barcos junto al muelle,
divisados por gemelos maliciosos,
manipulados por ojos anónimos,
mientras les mira graciosa,
traveseando.

Mi Ciudad huele a olas
cambute y paz,
a churchill, pianguas,
charco de Manglar.

A campeona de futbol
con agallas, Pistones
cebollas, Sardinas,
atajando un Tiburón.

en el centro Klever,
dando clases el Maestro.

Con una olla mágica
coce al vapor:
papas, guerrreros, toros
mostruos y hasta santos
con mucha aflicción.

Mi Ciudad se pasea oronda
con su traje multicolor
y un par de chancletas
en sus curtidos pies.

De la Angostura a la Punta,
del Mercado hasta EL Muelle,
llevando su folclor.

Pícara, elegante,
quemada por el Sol.
mientras vende ceviche,
chuchecas o vigorón.

Saca jureles en el Malecón
convida su pesca a la vecindad,
recuerda a Chalía
y a Fray Casiano,

repartiendo esperanzas
en bolsas de amor.

Recuerdos de niño,
jugaba en tus pies,
la plaza de los caites,
y sus arenales.

Colgaba de los palos
de guindas y almendras
corriendo cangrejos hasta sus agujeros.

Recuerdo amaneceres de espejismos
bañados por el rocío de las montañas,
que resaltan tus curvas teñidas de plata.

La lengua de arena, color de escarlata,
pintaba vuelos con el color de una sonrisa.

Llenábamos el buche
con tesón y trabajo,
lucha, solidaridad y respeto
sin bajar los brazos
buscábamos nuestro alimento.

Despiertas miles de sanates
y otras avecillas noctámbulas
que conversan al mismo instante.

Aturdís a los vespertinos
visitantes del parque la Victoria.,
hurgás en los árboles
algún gusanillo.

Ciudad forjada en el yunque
en el fuego, en el estruendo
teñido de sangre,
en las traiciones y el amor.

Salpicada por las guerras
y balas de cañón,
comarca de mártires,
hombres y mujeres
llenos de valor.

De las cuevas de cangrejos
hasta de montazales
han brotado escritores,
llevan la pluma en su mente
el papel en el corazón.

Ellos escriben tu historia
con letras de arena,
Iluminados por el Faro
y la Virgen del Mar.

La ciudad es mi ciudad
en su eterna lozanía,
convertida de siempre
en la novia del Sol.

Ella besa y abraza
antes de marcharse,
deja hermosos celajes
como un "hasta mañana,
te amo, mi amor".

Esta es mi ciudad
mi Puntarenas amada.

Marco Antonio D' Sandra

Marco Antonio D' Sandra con el fruto del amor de un trabajador (Marco Antonio) y una muy inteligente mujer (Sandra), se conformó el seudónimo de Marco Antonio Porras Cordero, nacido de las mareas en Puntarenas, Costa Rica, mientras la primera lluvia de mayo se podía ver, a través del sol en 1967. Víctima de querer crear más que las redes pescadoras de su tierra o vivir de la suerte del anzuelo, el viento de la bahía lo impulsó a la capital por algunos años y lo devolvió a barlovento siendo arquitecto graduado de la Universidad de Costa Rica. Armado de creatividad apuntó a otros placeres, la inmensidad de la música, lo penetrante de las imágenes fotográficas, el terror en una pintura y la desnudez de su interior en la palabra escrita, empezando así su aventura en el Taller Literario de la UNED. Un lugar en el mar, otro sitio en los olvidos y con muchos más contenidos en su musa, le hacen espacio en los renglones a sus primeros versos, publicados en un poemario al comienzo de su quinta década de vida en el año 2017, con el nombre de *Sin Cuentas a Mayo.*

NAUFRAGANDO

A la orilla del naufragio
nos recostamos sobre cubierta
miramos el mástil
que apunta al cielo,
las velas se abren
con incertidumbre
llenas de miedo.
No es la misma embarcación
que hace mucho
se hizo al mar,
el casco luce el castigo
intolerante de los años,
el timón es una disputa
por rumbos diferentes
y ambiguos destinos,
la tripulación un monstruo
de palabras obscenas
comandadas por la ira.
Las amarras sostienen
el temor a la soledad.
Se inunda el navío
por las rendijas,
nos hundimos en palabras
que no se dijeron,
y otras que sobraban.

El mar devolverá
los restos del naufragio,
con ellos
inventaré una muleta,
un par de vendas,
y una nueva travesía.

EL BARCO

Amarrando el sotavento
a las velas,
una tarde decidió zarpar.
A babor,
tenía el planeta
que sostiene su cuerpo,
con dos costillas menos;
a estribor,
todavía soplaba su ira
contra el mástil,
y el índigo del mar.
Frente a la proa,
el control total
de las circunstancias,
y por fin...
una soledad impar.
Tras la popa
quedaron botellas vacías,
la enmarañante
medusa de hados,
y su paisaje perfumado.

ENTRE TUS COSAS Y LAS MÍAS

Hoy me levanté
extrañando tus libros,
los espirales castaños
que dejabas sobre el mármol,
la bicicleta rosa
y la mascota de Charlie Brown
en tu pijama.

Mi escritorio continúa
ingeniando metáforas,
y con el té de media noche
me pierdo en la sombra del llanto
que proyectan las guitarras.

Voy a ponerle un tinte diferente
a la cabeza de las nubes,
y le pediré a mis tijeras
que me enseñen a cortar soledades.

Aún no sé qué hacer
con la piel que dejaste
en el tejido de la cama,
con la canción de John Legend
y con este poema
que se rehúsa a terminar.

José Luis Arguedas Arce

José Luis Arguedas Arce nació un 20 de agosto de 1984, a la una de la tarde frente a la playa, en Puntarenas. Realizó sus estudios superiores en la Universidad de Costa Rica en la carrera de Filología Clásica. Inició su travesía por los talleres literarios en el año 2006, en el Taller de Guillermo Naranjo en San Ramón de Alajuela. Trabajaba en un taller de enderezado y pintura lijando mérula, a la vez que buscaba ser publicado antes de cumplir 25 años. Para el año 2018, su poemario *Bitácora del Ahogado y otros poemas* obtuvo el primer lugar en un certamen de poesía de la Universidad de Costa Rica y su respectiva publicación. Actualmente, 2023, se dedica a impartir clases de español para extranjeros y alterna con la escritura y el tallereo junto a Luis Chaves.

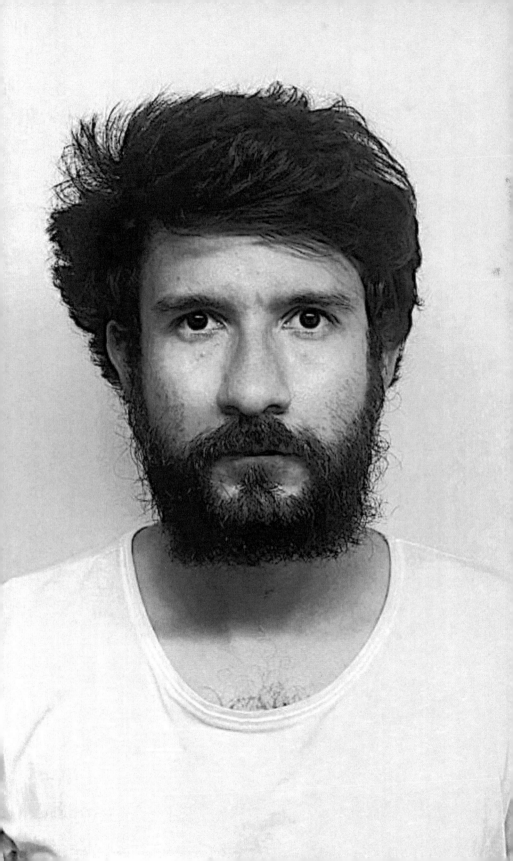

PUNTARENAS

No volveré a googlearte
aunque me tome 3 *Four Lokos*
y te siga y me persiga por los malecones
y de mi brazo salgan 3478 brazos hechos uno
      y por ninguna parte recuerde la talla de tus
      tetas
   34 D
y diga "puta, Jose, qué tirada"
    y luego diga
"Un bateau frêle comme un papillon de mai."
     con vergüenza y pésima pronunciación
    y seás esa resaca
     que se devuelve en los algoritmos
       logaritmos
       durante las búsquedas
       y el Paseo de los Turistas sea siempre
       el mismo
        del '99
        del '05
         y el Ferri a Paquera vaya siempre a
         Playa Naranjo
y nunca dejemos de tener catorce años
     No volveré a googlearte

ni aunque me tome 3
Four Lokos.

NOKIA GRIS

Recuerdo que la carga de los celulares de esos
    años duraba días.
Y el mío era un Nokia
gris en el que traqueaba levemente el teclado
mientras te escribía con una mano.
Sí, en mi recuerdo era
infinita la batería de esos celulares.
Y pienso que las cosas estaban tan jodidas desde
antes, y que no
hacía falta ninguna cuarentena para caer en este
patetismo de recordarte, o no.
Quizá todo, en realidad esté
peor ahora y simplemente me estoy haciendo
viejo.

ESPANTAPÁJAROS

El que escribió estas cosas
        no lo hizo
                no podrá extender su mísera
       cultura
su mitología personal de pajarraco gris
sino que le desesperaban las horas como bejucos
le crecían
                   [alrededor del cuello
         le carcomían las vísceras renales
y nunca encontró las palabras
ni a quién decírselas
no logró vender su alma
            su doble le dejó
                por otra sombra
así que debió probarse que había existido
estas palabras son más que todo ácaros pulgas
       garrapatas
                 esto es el último esfuerzo de
     un fantasma
   por volverse realidad.

De: *Bitácora del ahogado y otros poemas* (2017)

Minor Arias Uva

Minor Arias Uva nació en 1971. En el Sur de Costa Rica está su memoria ancestral. Sus antepasados eran Térrabas o Teribes, hijas e hijos de la diosa Tjër. Uva es uno de los doce troncos originales de la etnia Brörán. Su infancia transcurrió en Cordoncillo, en Cacao, en Río Grande y en Cañas de Buenos Aires de Puntarenas. Serpientes de colones, ríos furiosos de calmada transparencia. Montañas oscuras y ranchos improvisados. Su familia era nómada, de finca en finca, de carencia en carencia, pero también de guitarra en guitarra, de anécdota en anécdota. En esa espiral relampagueante se gestó su poesía. En esos caminos de música y raíces expuestas, continúa dando sus primeros pasos.

LO QUE EL SUELO CUENTA

Hace veintitrés mil años o más,
llegaron nuestros ancestros
reposando largas distancias,
esquivando las breas del miedo
y respirando estas mismas moléculas.

Desde la Polinesia,
desde Siberia,
desde lugares fieros y fríos,
arribaron a estas latitudes.

Encontraron en nuestras llanuras
animales gigantes
y junto al fuego derrotaron la noche.

Por el Estrecho de Bering,
o navegando los océanos,
fueron y vinieron hilvanando la muerte.

Más tarde,
los ríos Tárcoles, Reventazón y Térraba,
se llenaron de navegantes.

Que nadie derrote mi cultura de milenios,

más vieja que las migraciones chibchas,
y más antigua aún que Cristóbal
y sus torcidas geografías.

De: *Arteria ancestral* (2021).

SIBÚ CANTA EN LA CORDILLERA

Si alguien tiene poemas que decir,
que los diga al pie de la mañana,
que los cante con todo el cuerpo.

Curar es hablarle bonito al día.

Si uno duerme metido en la luz,
los espíritus del inframundo no lo visitan.

El amor nos hace gigantes como ceiba
y universo.
En corazón de Awá vive todo,
él es el curandero que vigila río y serpiente.

Awá ama sus hijos
porque en ellos su canto crece
como vuelo de águilas.

Awá puede conocerlo todo
pero no sabe nada.
Por eso es feliz solo de estar.

De: *360 grados de poesía* (2016).

Mi abuela: la Teribe, la biriteca

Observé a mi abuela
salir de un salón de baile
para darse de golpes con un hombre,
a media luna, entre la leña.
La vi sacarle chispas a su machete,
contra las lajas,
mientras increpaba la palidez de un cobarde.

La observé montar a pelo un caballo de nadie,
y cruzar a pie la cordillera,
sin más carga que su puñal y una tapa de dulce.

Y siempre me pregunté:
¿Qué energía inundaba su sangre?.

Mi abuela llegó del Sur,
Teribe, Térraba, de las Tjër,
de las sabias curanderas.
De las Coctus que iban a los campos de batalla,
las que marcaban sus cuerpos
con cenizas ardientes
y se colgaban argollas en la nariz.
Las que dominaban el arte de las lanzas
y se protegían los pechos con patenas de oro.

Las que tenían sus propios criaderos
de dantas y chanchos de monte.
Las que erizaban las nucas de los guerreros
      huetares,
entonando cantos y gritando a la distancia.

Mi abuela vino del Diquis,
por eso su visión esférica
tenía la firmeza
de quien ha cruzado el barro a tientas,
olfateando como las serpientes.
En la sala ancha del hospital
tomé sus manos de fuego
y le agradecí su valentía,
esta herencia,
sin lanzas ni cuchillos,
pero con palabras.

De: *Arteria ancestral* (2021).

Carlos Arroyo

Su nombre es Carlos Enrique Bernardo del Jesús Arroyo González. Es hijo de un luthier de guitarras y madre orquesta. Se le conoce, usualmente, como Arroyo o Arroyito. Nació en 1963 en Esparza, Costa Rica, provincia de Puntarenas, en donde el mar y las montañas afianzaron su gusto por la vida en el campo y sembraron ansias en las manos de los artistas. Disfrutaba de los mangos, guayabas, zapotes, nances y aguacates, hasta que, en 1979 se mudó a la capital, San José, para empezar a trazar garabatos en Bellas Artes de la Universidad de Costa Rica. Tejiendo filigranas de arte, el azar del destino lo puso en su lienzo y comenzó a impartir clases en su facultad. Hasta la fecha, también, ha sido profesor de dibujo, diseño, caricatura, anatomía artística y teoría del color. Actualmente, se autodenomina artista visual y "protopoeta" recién vinculado en la red con agrupaciones de varios países de Latinoamérica. Y en realidad, aunque considera arrogancia tanta palabra, tiene claro que no le queda otra opción, pues estas, son un pequeño reflejo de toda una vida de trabajos satisfactorios frente al lienzo y la mesa de dibujo.

A NIETZSCHE

A Nietzsche lo bloqueé de mis
contactos, me cansé, pasé mucho
tiempo leyéndolo.

Me trajo desilusiones sin esperanza,
momentos de amargura vaciados de
     ideas obtusas.

Jiménez Huete seguro lo leyó,
mientras se paseaba por París, con su acento
     latino de tiquicia.

Don Friedrich sin permiso,
orinaba en el Olimpo,
limpiaba su ego
por bares de Prusia,
licántropo de caperucitas burguesas.

En este delirio concomitante, pegadito a mi
     doble moral,
opté por hacerme de la vista obesa,
y me pavoneaba con aire del Vaticano, encarando
almas por Barrio Escalante, ataviadas de intelecto
"seudoneoyorquino", más bien con un toque de
Ortega y Maduro, con aliento a labial y pesto.

"o sea , Nietzsche era un genio"
eructaban mientras los pasaba
por el camino que lleva al asterisco. Decidí darle
       su lugar hoja por hoja.
Don Friedrich
bloqueado en mi iPhone,
no me vengan con su Freud de bolsillo.

TOKIO Y CAFEÍNA

Cuando puedo ver el aire y sentir el color del día,
trazo espacios en rincones y acerco mi taza a la
     tuya,
repasando garabatos grises, que hiciste tan festivos
a pesar de mi estupidez.

El silbato del tren,
tu sombrilla, la cafeína; nunca supe ordenar las
     cosas, ni entender nada,
a como llegaban las hacía mías. Desteñían,
rasgaban, urgían.
El programa en la radio ya dijo la hora.

Tokio es un fantasma, el pasado una pintura, el
     gato en un pestañear atrapó mi suspiro.

Buenas noches,
mi taza toma mi mano y no me deja soltarla,
     es la cafeína.

RECUERDOS EN SEPIA

Este era yo
cuando ni sabía quién era,
entre días y años de crayolas,
la mostacilla decían,
ese fui yo.

Entre tertulias que cocinan,
escuchadas desde regazos inolvidables, tiran una
        línea,
un salto y aquí estoy.

Aún no estoy seguro,
al doblar la esquina por la mitad:
¿Quién soy?
Mi gato y mi vecino de enfrente
parecen conocerme,
mi madre también,
temo preguntarles…
¿Yo quién soy?.

Miradas, sonrisas, cumpleaños,
caricias, recuerdos, canciones,
vergüenzas, papelones, trompadas,
empujones, piñatas, tristezas y aspirinas.

Dersú Usala fui yo,
Eduard Cissorhands fui yo,
Harlan Elison fui yo,
Mis hijas fueron mi primer "yo".
Que lo digan mis barras de sepia.
Sólo soy este que suelo escuchar
cuando tiro mis trazos con armonía.

Aderith Porras Castillo

Aderith Porras Castillo nació entre el petricor y la alborada de un 4 de setiembre de 1971 en la ciudad de Esparza, Puntarenas. El azul de las montañas, los majestuosos guanacastes, la frescura de los higuerones, la libertad de las aves, el canto de la lluvia, los perfumes de la naturaleza y el dorado de los atardeceres, sensibilizan su alma y la enamoran de las letras. Ese romance se materializa cuando transcribe sus sentimientos por medio de antologías en España, Estados Unidos y Costa Rica. Ella dice no ser poeta, sólo siente, canta y vive, entre láminas y tintas.

UNA MÁS…

Yo le vi marcharse,
no llevaba flores en sus armaduras,
eran más sus costuras de bronce y lata,
vi en su piel sin maquillaje
desgarrada las ganas de vivir;
hecha de mármol y miel,
vestía esperanzas descosidas.

Escuché un grito deshilacharse
mientras el monstruo ceñido
asfixiaba su sangre,
despojaba su risa,
desmoronaba sus pétalos
ilusos de ser madre.

¡Creí aún no era tarde…!
¡Déjala respirar...!

¡Yo creí que aún no era tarde!
¿Acaso era ella una más?
¡Una más…!

EN EL HORIZONTE DE MIS PESTAÑAS

Me olvidé del mundo,
de sus tempestades,
del caos enmarañado
en sus escombros.

Me olvidé también de precipicios
en promesas no cumplidas
y empecé a caminar por rieles oxidados,
rasguñando los matices de abril.

Desenfundé calumnias guardadas
en el horizonte de mis pestañas,
con el aire libre de lágrimas,
descascarando musgo en mis pisadas,
sin cálculos,
con poca ropa,
charlando con el viento
y los pájaros,
sin disfraces,
ni máscaras.

Y me enamoré…
¡Oh sí, me enamoré otra vez!

Y cuán maravilloso fue saborear
cada rincón de mi pecado,
amar mi imperfección,
desatar prejuicios,
romper cadenas.

SIN ESPEJO

Mi abuela pintó canas
sin conocer un orgasmo,
jamás su catre escuchó un gemido,
no hubo escalofríos que despertaran su sexo,
la mordaza carcomió las paredes de aquel cuarto
y el silencio quedó colgado en las jícaras,
adornando cada esquina.
Envolvió en su moño las vanidades de niña,
(nunca vi en su cara una gota de pintura,
ni sus cejas depiladas)
ella estaba segura de que las enaguas cortas
y ponerse bonita era sólo para las putas.
Llevó en sus hombros la vergüenza de ser mujer,
MUJER que esconde su sangre tras la batea,
VERGÜENZA que arrastra pasados y se aferra,
MUJER que calla y sumisa abre sus piernas.
Se lavó las mejillas
después de la guerra,
con barro y tierra.
Arañando la vida,
zarandeando el orgullo,
nunca pudo delinearse las cejas.
Mi abuela murió con los años vendados,
y sin espejo.

Luis Gabriel Ortega Cruz

Luis Gabriel Ortega Cruz nació el 12 de noviembre de 1988 ante la luz de un sol que siempre ha tapizado el mar y la costa del Pacífico, de un dorado esperanzador.

Hoy, además de ser un actor autodidacta, que ha colaborado con polivalente destreza con varias personalidades del gremio teatral; también se ha tomado la infinita tarea de ser la poesía encarnada en las comunidades en donde ha trabajado con instituciones sin fines de lucro, llevando alegría y cultura, inicialmente, enfocado en culturizar a la niñez puntarenense. También, se puede decir tque ha sido un poeta que escribe para tratar de saciar su búsqueda, por decir todo aquello que la mayoría ignora. Sus primeros esfuerzos han encontrado espacio en la *Antología Poética Puntarenense. Letras de Arena. Palabras de Nuestra Gente* (2019).

UN VIVIENTE

En el mundo de los absurdos
un viviente cava imaginarios
con las lágrimas que recolectó
de su quehacer añoso.
Entre la llovizna del sol
alza vuelo
para perder de vista
al verdugo que habita
en su mirada.
Un viviente sabe o intuye
que su morar
está en la invención de su lugar.
Inventa nubes benevolentes
en sus ojos, para mantener
a la muerte
       dormitando.

TRAEMOS LA CABEZA UNTADA

Traemos la cabeza untada
de vientos amargos
y vientos sociales
donde se nos cuela la crueldad
de palabras que no vimos nacer
adentro del pecho.

Traemos la cabeza untada
de crisis ciegas que no vimos llegar
por el reglón de los días,
donde se nos dice cómo morir
con la muerte pegada en los sentidos.

YO TE TRAIGO PUNTARENAS

Yo te traigo estrellada en mi ser.
Yo te abrazo en esa mansedumbre huérfana.
Yo, como posiblemente sea sólo yo
detrás de los pasos que no das.
Detrás de tus ruinas
donde muchos se hallan
donde sonríen fugazmente los carroñeros
donde el vaho de todos los desiertos
se asientan innegablemente.
Habito en ti, ciudad. Como un naufrago
varado en una isla, como un montón de palabras
que tal vez no precises usar.
Precisa recorrerte de calle a calle
para ver las migas de luz
que guindan de las miradas
de los que caminan en pos
de una utopía realizable.
Yo te traigo, Puntarenas. Aunque raído me traigas
el corazón, aunque los susurros indecibles
de todas tus voces, sofoquen mi alma,
aunque los rostros golpeados de nuestra gente,
no piensen que te traigo.

Jorhan Chaverri Hernández

Jorhan Chaverri Hernández nació el 19 de julio de 1993 en la costa naranja de Costa Rica, en donde el canto de las olas acarician las tardes y la luna besa las orillas de cada sueño. Además de adornar en distintos países el blancor de las hojas con sus letras y bailar en los oídos con sus palabras, también, juega con figuras y números, hijos de aquellas matemáticas que dan colores al tiempo. Es un porteño que recita y cuenta, escribe y siente; un tico que llora en papel, duerme en tinta y hace el amor en versos. Su voz también se escucha en las obras literarias *Fragmentos del latido*, *Realidades sonámbulas* y *Proematos*.

EL FARO

No soy ese barco al que llamas,
ni tengo un lugar al cual atracar
en el muelle quebradizo de tu tiempo.

Me encuentro a merced del frío porvenir,
zigzagueo por corrientes sin arribo;
sin más que desoladas aguas
a babor y estribor,
ignoro la extensa espuma a popa,
atento a la incertidumbre en proa.

Sigo avanzando
a pesar de esa luz cegadora,
tentado a retomar el curso
mientras arrojo por la borda
el agua que congela mis pies.

Ascendí a capitán de una tripulación
de placeres, brújulas estropeadas,
lágrimas y romances; pero,
con un mando inexperto.

Ese rojo polizonte hunde la embarcación,
amor ceñido a la luz
y con deseos de llegar a puerto,

lleva la nave directo al rompeolas
para culminar el viaje extravagante
con un trasbordo
a la experiencia que esquiva mi norte.

Ahora,
sólo soy el epílogo catastrófico
de la intersección entre navegar
por viejos mares
y seguir un rumbo desconocido.

De: *Fragmentos del latido* (2020).

ORGASMOS DEL TIEMPO

Solo nos hace falta una cama,
para hacer gemir al tiempo.

En la cama
Eres la pesadilla que anhelan las almohadas
cuando reciben el deseo de mis noches
por extinguir la flama de mi cuerpo,
en la naciente al pie de tu monte.

Eres presencia que destierra dudas
inquebrantables,
kriptonita de esta cordura y mi abstinencia,
el telón que descubre la picardía
solapada en el cuerpo de un falso inocente.

Soy adicto a los gemidos traviesos
que exhalan tus poros,
cuando mi lengua juega con tu cuerpo
y te escribe un abecedario de placeres.

Pintaré acuarelas con mi húmedo ser,
cada vereda en el laberinto de tus mares,
para encontrar el camino de regreso
cada vez que me pierda
en las puertas de tu clímax.

Sobre mí
Escucho tus gotas susurrar
en el pavimento de mis deseos,
mientras la vista se me pierde
en el canela de tus senos
que ahogan mis labios.

Areolas, círculos hipnóticos,
apaciguan el masoquismo
de esas uñas aferradas
en la excitación de mi espalda.

Tus cabellos zigzaguean en mi pecho
hacia el crepúsculo erógeno de la piel,
este pubis secreto de tus días.

Rebotes efímeros y constantes
entumecen los sentidos del tiempo
y culminan esa hazaña feroz
de dos cuerpos incontenibles.

Sobre ti
Te someten las caricias de estos labios,
el tacto cauteloso de mi aliento
te empaña la memoria
y los poros excitados perseveran
sin petición de clemencia.

Los gritos emanados entre tus piernas
se traducen en contorsión placentera,
mientras se agitan las aguas
y mi lengua doma quimeras en tus pechos.
Así se fecundan nuestros cuerpos...
así erupcionas en un clamor a Dios.

Quebrantas todo accionar de mi hombría
con aquel néctar que envidian los dioses,
el lubricante de mis deseos.
Y retuerces los párpados mesuradamente
con cada inclinación de mi pecho,
hasta cansar al tiempo.

Todo termina vehemente
con un grito al manto oscuro de mis ojos
y un líquido beso de tus cuatro labios.

De: *Fragmentos del latido* (2020).

LUZ DE PASO[79]

A mi pueblo: San Joaquín, Puntarenas.

Regreso al asfalto
donde se derritieron los sueños,
pero se armaron los pasos.

He vuelto a la tierra
que compartió su polvo
para quitarme la miseria de los ojos,
donde la soncoya calmó mi hambre
y los miedos durmieron en el frío,
donde los coyoles y mangos
moldearon esta espalda sin reversa
con el sol engendrando mis huesos.

Regreso y veo jugar
piezas de la infancia en los alambres,
gritos sacudir los potreros:
—¡Cuidado con mis matas!
—¡Dejen los terneros!
—¡Vengan a bañarse!
Me observo niño con sus padres.

---

79   Poema leído y escrito para el recital poético "Las heridas de nuestras regiones", en el marco del I Congreso de Estudios Literarios Regionales de la Universidad de Costa Rica [Nota de Yordan Arroyo Carvajal].

Puedo escuchar a los árboles llorar
por el recuerdo de mi peso
y cómo el río juega con mis tardes.

Busco el calor
de la cuchara preparada por mi madre
para olvidar la distancia
que nunca deshizo el abrazo en la memoria.

Recuerdo en las calles el sudor de mi padre
saciar la sed de los libros, el deseo del lápiz
y el abrigo de mi sombra.

Cómo quisiera vestirme de montaña
para amarrar esta tierra en mis zapatos.

Marjorie Jiménez Castro

Marjorie Jiménez Castro nació en 1968, un año marcado mundialmente por la rebeldía, quizás algo de eso se coló entre los cerros de Nandayure y tocó el carácter de la recién nacida. Desde su infancia tuvo los oídos abiertos y una sensibilidad para apreciar los tonos y las voces de la naturaleza, motivos que aparecen repetidas veces en sus escritos. Empezó a escribir desde joven, pero lamentablemente, las mudanzas y los secuestros no dejaron evidencia. Estudió Literatura y Castellano en la Sede de Occidente, Universidad de Costa Rica, para estar cerca de la tarea del escritor. La fuerza del mar y la conexión con La Rancha de los Perdidos, Guanacaste, influyeron en su decisión para trabajar como docente en Puntarenas desde 1994. De inmediato se dio a la tarea de continuar con las actividades culturales que tanto le apasionan. En 1995, en compañía del maestro Francisco Zúñiga Díaz, creó un taller literario que dio inicio a un intenso trabajo en el campo cultural de esta provincia. La Perla del Pacífico ha sido vientre y cuna, casa y liberación de su proceso creativo y profesional.

ESPIRAL

Madre de mis vidas
no te dejaron ser más que regazo y pan
cicatriz de tu ceja en mi ceja
delantal de maga
donde aparecen tierras de dulzainas en la boca de
    la tarde
brazos de árbol y plumas
que regresan
como pájaro de estación en el golpe de la mañana
zapatos de barro en la niña
rojizo contra nieve en tus manos
olla
contra la escasez de la cosecha
festín de naranjas y mandarinas
sol que susurra desde la mesa hasta el cuello de tu
    blusa
como canciones que estremecen con los ojos
me heredaste
tu eternidad de gata
y tu voz
que se irradia de lila en mi pecho
como cuando las flores se abren ante la abeja
yo te espero en la inmensidad de colores
en la tierra que no ha dejado de renacerte.

De: *Revista InterSedes* (2023).

POEMA EN CUKI

Quien me recetó escribir poesía contra la tristeza
nunca ha apretado el puño frente a la blancura del
     cursor
ni le ha dolido una palabra en la garganta
o una frase que baja por la sien

quien dijo que escribiera para ocultarme de tu
     ausencia
no pensó en mis ojos como paleas hasta el pecho
no pensó que iba a perseguirte en cada sílaba
     escurridiza
hasta el hondo de la madriguera
donde viven los retazos de nuestras vidas

quien dijo que te llamara con poesía
no imaginó que les estorbaría a todos en la casa
con este silencio.

De: *Revista InterSedes* (2023)

UÑAS DE GATO

Canción para un gato muerto

Era casi de música. Todo el color de cielo
se anudaba a su cola.

ROBERTO SOSA

I

Un gato se derrite en mi retina
intenta
inserta su uña en mi soledad
con su cola-cometa empuja una lágrima
y escapa. La ventana lo sigue.

II

Una vida en el ojo del gato
es una palabra cifrada en el tiempo.

III

En el ojo tiritante de un gato
habitan galaxias de gecos aun sin descubrirse

IV

El gato que ve la obsidiana sólo tiene un deseo
vivir eternamente
la obsidiana que ve al gato piensa lo mismo.

V

Las orejas de un gato nunca duermen,
el músculo de su alma, tampoco.

VI

El rayo nos hace temblar
cuando me abrazas con tus hojas
y tus raíces se descargan en mis pies
estallamos en un bigote de luz.

VII

Una oreja de un gato hace temblar la luz,
la vela se tambalea por esa perfección.

VII

¿Qué sueña el gato?
con la azotea donde conoció a la bruja de la vida
anterior.

IX

Antifaz de corazón
pelo en apachetas en el hoyo de mi pecho.

X

El guaco, mensajero de la muerte escapó con
         las lapas
la muerte se sienta frente la pantalla

cruza la pierna y espera el recuento de víctimas
         del día.

De: *Revista InterSedes* (2023).

BIBLIOGRAFÍA

Arguedas Arce, J. L. (2017). *Bitácora del ahogado y otros poemas.* Editorial de la Universidad de Costa Rica.

Arias Uva, M. (2021). *Arteria ancestral.* Poiesis Editores.

— (2016). *Costa Rica: 360 grados de poesía.* EUNED.

Chaverri Hernández, J. (2020). *Fragmentos del latido.* Poiesis Editores.

Jiménez, M. (2023). "Poemas encontrados en el camino". *Revista InterSedes, 24* (50). https://revistas.ucr.ac.cr/index.php/interse des/issue/view/3260

ANEXOS

Enrique Araya Cano

CITY AND COUNTY OF SAN FRANCISCO
DEPARTMENT OF PUBLIC HEALTH

SAN FRANCISCO HOSPITAL

When replying please quote Subject:

July 6th 1926

Mr. Gonzales Araya,
Punt Arenas,
Costa Rica, Central America.

Dear Sir:

I [beg] to notify you that your brother Enrique Araya died at this
Hospital July 3rd 1926. His body was turned over to Joseph Hagan
& Sons, City Undertaker.

Respectfully,

E. R. Frick, M.D.
Superintendent.

B.

Puntarenense ausente

Para que el público porteño pueda darse una idea exacta del inmenso cariño que aún siente por esta su querida Patria el joven puntarenense Enrique Araya, quien actualmente anda en el vapor "Cuba", que ha poco arribó a estas playas, insertamos a continuación sus versos que nos envió para su publicación:

A Puntarenas

¡Oh madre patria!, suelo querido
nací en tu seno por mi fortuna
tú! Puntarenas fuistes mi cuna
por eso nunca jamás te olvido.
Hoy, Puntarenas, me regocijo,
inmensamente por que la suerte
me ha permitido volver a verte
y a saludarte como buen hijo.
¡Oh! cuántas veces, en otra tierra
donde el destino me separaba
como buen hijo me recordaba
de la grandeza que en ti se encierra.
Dulces recuerdos, cuando era niño
como a mi madre, supe quererte
y hoy que soy hombre quiero ofrecerte
todo el afecto de mi cariño.
(Copiados abordo del Vapor "Cuba")

Enrique Araya

El portador
Enrique Aray...

Nombre	**Enrique Araya**
Sexo	**Male**
Edad	**22**
Año de nacimiento (estimado)	**1904**
Tipo de acontecimiento	**Death**
Fecha del acontecimiento	**1926**
Lugar del acontecimiento	**, , California, United States**
Número de certificado	**35216**

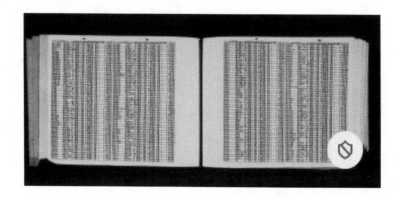

Lisímaco Chavarría

HIMNO A PUNTARENAS

(AL TERMINAR SU FERROCARRIL)

I

Celebremos, unidos, hermanos,
esta fiesta con férvido amor,
y levanten las olas sus cantos,
el triunfo, ya nuestro, le cuenten al sol.

Puntarenas, trabajo y progreso
van rigiendo tu ferrocarril,
que vibrando se acerca á tu seno
cual bestia domada que llega hacia tí

II

Fueron huellas de lucha y de vida
los caminos, el puente y el riel,
son arterias de toda campiña
por éstas circulan el oro y la mies.

Celebremos, con gozo, la etapa
que el esfuerzo señálanos hoy
y las ondas que den en las playas,
con notas gigantes, su canto mejor.

CORO

Den al aire su voz las sirenas
que recorren los campos y el mar;
lleve el viento, doquier Puntarenas,
tu salmo de triunfo que es himno de Paz.

LISÍMACO CHAVARRÍA.

En Puntarenas

Ostenta la tarde nubes matizadas
Con cenefas de oro, de carmín y nácar....
En el mar ondulan las olas rizadas
Y sobre la arena despliegan sus gasas,
Y corren rimando la eterna balada
Que há siglos entonan en aquellas playas.

*

Allá en el Estero como nívea garza
Un pequeño "boingo" perezoso avanza;
Semejan sus velas inmóviles alas
De un ave que al paso las linfas rozara,
Dejando sutiles estelas de plata.

*

La noche desciende.... Desde lontananz
Restos de fulgores de rosa y naranja,
Dan tintes jaldados á la onda encrespada
Que corre cual sierpe ondeando en la playa.
. . . .

*

Al fin los fulgores del todo se apagan
Y el "monstruo" rugiente se alborota y brau
Y sus linfas verdes tórnanse aplomadas,
Y sus tumbos roncos más alto levanta.

*

Al frente del muelle seis negros fantasmas
Con ígneas pupilas que en la sombra irradia
Se mecen cansados del mar en las aguas
Esperando la hora de emprender la marcha

*

¡Oh puertos distantes! ¡Oh lejanas playas
. . . .

*

Los vientos marinos agitan sus alas
Modulando raro susurro en las palmas,
Susurro que finge cadencias extrañas
A modo de quejas muy tristes... muy largas...
O mustios conciertos de invisibles arpas.

*

Allá en el oriente ya la luna se alza
Soltando sus hebras luengas y argentadas;
Y el ponto recobra su serena calma,
No increpa á las sombras, no muge en la playa,
Entonces los tumbos que furioso alzaba,
Semejan coloquios ó dulces estancias,
Y en sus ondas verdes la luna retrata.

*

De pronto se escuchan notas de guitarra
Que álguien armoniza con dulzura y gracia,
Y ritmos sonoros de armónica danza
(Ritmos que alegraron indígenas zambras)
Son de una marimba las notas aladas.

*

Semejan sus tonos las dicciones raras
De aquellos "güetares" de cutis tostada,
¡Alegre testigo de extinguida raza!
Tú me dices muchas cosas ignoradas,
Como dice á Rueda la alegre guitarra....

*

Tus ritmos me cuentan escenas pasadas
Con las notas dulces de tus dulces danzas

*

La luna desciende como ave cansada....
Los primeros tintes dorados del alba
Tiñen de las olas las crestas rizadas.

*

Puntarenas finge nereida gallarda
Tendida en su lecho de espumas de plata.
Yo sé lo que dicen sus brisas saladas
En los abanicos que lucen sus palmas,
Y de sus marimbas las rítmicas danzas.

ROSA DE CHAVARRÍA.

Eduardo Calsamiglia

En Puntarenas

(Versos de Roig y Bataller, refor-
mados por el que firma, de acuer-
do con el método *bernardomonteris-
ta*. No tienen dedicatoria. Entre
comillas va lo tomado por equivo-
cación.)

Juana de mi vida:

Apenas
comienza, todos los años,
la temporada de baños
en la gentil Puntarenas,
marchamos allí los dos:
tú, bella Juana, primero,
y después este coplero
que va de su dama en pos.
Los *Baños Municipales*
son recreo de mi vista
cuando en traje de bañista
preparada al baño sales.
¡Qué cosas mi mente fragua
y en qué visiones se empeña,
viéndote entrar en el agua
de la mar puntareneña!
«Tus encantos adivino
desde la playa arenosa,
y daría cualquier cosa
por volverme submarino.»
Yo solamente en verano
á Julio Flórez admiro
y junto con él suspiro
delante del ocëano.
«Al acercarte con pausa
hacia el agua, en tu semblante,
veo clara, aunque distante,
la impresión que el mar te causa».
A medida que te internas
en la masa cristalina,
se me pone de gallina
el *cutis* en ambas piernas,
y pienso al mirarte así,
«siguiendo tus movimientos;
Caramba! En estos momentos
ya le llega aquí... ó allí...»
Y señalando el lugar,
hierve la sangre en mis venas....
¡Yo me enfermo en Puntarenas
cuando toca señalar!

«Esto pasa de la raya,
contestarás ruborosa;
pero, Juana... ¡Alguna cosa
tengo que hacer en la playa!»
«Si no ceso de mirar,
no vayas á suponer
que es por maldad; no, ¡es por ver
lo que te puede pasar!»
Y Juana, creo que sueño
cuando, al consumirte, á veces
toda tu desapareces
entre el mar puntareneño!
«Mi labio al agua maldice
y de mi estupor no salgo
hasta que me enseñas algo...
¡Algo que me tranquilice!»
Entonces, hablando á solas
para refrescar mis penas,
grito: ¡mar de Puntarenas
tengo celos de tus olas!

AILGIMASLAC.

Carlo Magno Araya

Música horrible

Pensé que me querías, pensé que tú eras
la mujer que soñé en aquellos días,
cuando en mí tus miradas hechiceras
se clavaron ardientes y sombrías.

Jamás te supliqué que me quisieras,
sinembargo cariño me fingías
con palabras y risas linsojeras.
¡Ingrata y pensé que me querías!....

Pero todo fué engaño. He comprendido
que eres una mujer pérfida y mala
y tu necio recuerdo echo al olvido.

A mi despecho mi pasión se iguala:
hoy por eso arrullar quiero tu oído
con la música horrible de una bala !....

Carlomagno Araya

Puntarenas, Septiembre de 1920.

PUNTARENAS

En el dosel del Orbe poner quiso
Dios una perla de su gran diadema,
e hizo que surgiera como un poema
este bello y hermoso paraíso.

La rica ostentación de los manglares
saturó con perfume de resedas
y pudo que las brisas fuesen ledas
y más tersas las aguas de los mares.

Puso almíbar y aroma en cada fruta
y suave plenitud en las campiñas
y en el rostro adorable de las niñas
el candor de una sílfide impoluta.

Dió fragancias sutiles a las flores
y selvática miel a las colmenas,
e hizo de esta bella Puntarenas
el nido singular de los amores.

Carlomagno Araya

Puntarenas, Octubre de 1920.

EL VERANO

Avanza en su cuadriga triunfadora
fustigando a los vientos el Verano,
Embalsama la flor, madura el grano
y ostenta sus crepúsculos la aurosra.

La fuente que se aleja arrulladora
adornando de aljófares el llano,
al mirar lo florido del manzano
su dulce charla y su canción demora.

Desplega el ave su sedeña cola
al beso perfumado de !a noche
se entrecierra la plácida amapola.

Y el yigüirro que anida en la enramada
en cada bella flor encuentaa un broche
donde guarda sus tintes la alborada.

Carlomagno Araya.

Puntarenas, Nov. 23 de 1920.

ACERCA DEL EDITOR

Yordan Arroyo Carvajal

Yordan Arroyo creció en un muy humilde y campesino pueblo llamado El Empalme o la Constancia (como pocos lo conocen, aunque así está registrado jurídicamente), en San Ramón de Alajuela, allí escuchó, por primera vez, historias y leyendas populares en la dulce voz de su abuelita Carmen, cuyo nombre en latín, por etimología falsa, aunque reproducida a lo largo de toda una tradición literaria, es poesía; quizás por eso, donde quiera que vaya, siente su compañía. Conforme fue creciendo, escuchó cada vez más mitos y leyendas populares, entre ellas, destacan las historias de unos duendecillos que habitaban en un cañal ubicado a un costado de la Escuela la Constancia, donde realizó sus estudios primarios. Este cañal ya no existe, lo quemaron; según cuentan, quienes entraban allí podían salir con la piel teñida de verde. Muchas de estas historias, aunque él las conserva en la sonrisa de su memoria, lamentablemente, se han perdido, ya no se las cuentan a los niños, e incluso, este sitio, al igual que Puntarenas, ha cambiado mucho, actualmente viven muchos norteamericanos.

Gracias al estímulo de su familia y la vivencia en el campo, sus inocencias de antaño y fantasías, creció lleno de leyendas, mitos, lecturas y artes afines con la naturaleza y la fantasía. Años más tarde, le tocó vivir en un vaivén entre San Ramón, Puntarenas (provincia que visita desde niño, al lado del dios Hermes y de su padre Oldemar (nótese el ritmo de las olas en sus últimas sílabas), a quien acompañaba en su trabajo como comerciante) y San José, debido a sus estudios en la Universidad de Costa Rica y proyectos culturales. Actualmente, vive en España, donde obtuvo un máster y realiza estudios de doctorado. Vivir en diferentes sitios ha hecho que se considere un hijo de Costa Rica, pero hermano del Mundo, razón por la cual, lucha por adaptarse a los lugares donde le corresponda ir, pues es consciente de que el planeta, así como la literatura, están llenos de diversidades

ÍNDICE

Bitácora de 13 navegantes
en Pan-de-Mar

VEINTE SURCOS
TWENTY FURROWS
Collection
Collective Works
(Homage to Julia de Burgos)

1
Antología 2020: Ocho poetas hispanounidenses
Anthology 2020: Eigh Hispanic American Poets
Luis Alberto Ambroggio
Compilador

2
Bitácora de 13 navegantes en Pan-de-Mar
Yordan Arroyo Carvajal
Editor

Poetry
Collections

ADJOINING WALL
PARED CONTIGUA
Spaniard Poetry
Homage to María Victoria Atencia (Spain)

BARRACKS
CUARTEL
Poetry Awards
Homage to Clemencia Tariffa (Colombia)

CROSSING WATERS
CRUZANDO EL AGUA
Poetry in Translation (English to Spanish)
Homage to Sylvia Plath (United States)

DREAM EVE
VÍSPERA DEL SUEÑO
Hispanic American Poetry in USA
Homage to Aida Cartagena Portalatin (Dominican Republic)

FIRE'S JOURNEY
TRÁNSITO DE FUEGO
Central American and Mexican Poetry
Homage to Eunice Odio (Costa Rica)

INTO MY GARDEN
English Poetry
Homage to Emily Dickinson (United States)

I SURVIVE
SOBREVIVO
Social Poetry
Homage to Claribel Alegría (Nicaragua)

LIPS ON FIRE
LABIOS EN LLAMAS
Opera Prima
Homage to Lydia Dávila (Ecuador)

LIVE FIRE
VIVO FUEGO
Essential Ibero American Poetry
Homage to Concha Urquiza (Mexico)

FEVERISH MEMORY
MEMORIA DE LA FIEBRE
Feminist Poetry
Homage to Carilda Oliver Labra (Cuba)

REVERSE KINGDOM
REINO DEL REVÉS
Children's Poetry
Homage to María Elena Walsh (Argentina)

STONE OF MADNESS
PIEDRA DE LA LOCURA
Personal Anthologies
Homage to Julia de Burgos (Argentina)

TWENTY FURROWS
VEINTE SURCOS
Collective Works
Homage to Julia de Burgos (Puerto Rico)

WILD MUSEUM
MUSEO SALVAJE
Latino American Poetry
Homage to Olga Orozco (Argentina)

Other
Collections

Children's Literature
KNITTING THE ROUND
TEJER LA RONDA
Homage to Victoria Ocampo (Chile)

Fiction
INCENDIARY
INCENDIARIO
Homage to Beatriz Guido (Argentina)

Drama
MOVING
MUDANZA
Homage to Elena Garro (México)

Essay
SOUTH
SUR
Homage to Victoria Ocampo (Argentina)

Non Fiction
BREAK-UP
DESARTICULACIONES
Homage to Silvia Molloy (Argentina)

For those who think like Julia de Burgos that *The voice uplifted in my verses is not your own: it is mine / For you are garment and I essence; / And the greatest abyss lies between the two,* this book was completed in September, 2023 in the United States of America.

Made in the USA
Middletown, DE
29 November 2023

44035351R00163